HUAQIAO
GAODENG JIAOYU YANJIU 2017

华侨高等教育研究 2017

——【二】——

张向前◎主编

红旗出版社

图书在版编目（CIP）数据

华侨高等教育研究. 2017. 二 / 张向前主编.

—北京：红旗出版社，2017. 12

ISBN 978 - 7 - 5051 - 4363 - 0

Ⅰ. ①华… Ⅱ. ①张… Ⅲ. ①华侨教育 – 高等教育

– 研究 – 中国 Ⅳ. ①G74

中国版本图书馆 CIP 数据核字（2017）第 282692 号

书　　名	华侨高等教育研究. 2017（二）		
主　　编	张向前		
出 品 人	高海浩	责任编辑	刘险涛　周艳玲
总 监 制	李仁国	封面设计	文人雅士
出版发行	红旗出版社	地　　址	北京市沙滩北街 2 号
邮政编码	100727	编 辑 部	010 – 57274526
E – mail	hongqi1608@126.com		
发 行 部	010 – 57270296		
印　　刷	北京市金星印务有限公司		
开　　本	710 毫米×1000 毫米　1/16		
字　　数	188 千字	印　　张	12.75
版　　次	2018 年 1 月北京第 1 版		2018 年 1 月北京第 1 次印刷
ISBN 978 - 7 - 5051 - 4363 - 0		定　　价	42.00 元

欢迎品牌畅销图书项目合作　　联系电话：010 – 57274627

编　委　会

目　录

教育教学研究

1　TBL 教学法在公共管理类本科专业课堂教学中的应用研究
……………………………………………………………… 侯志阳

10　基于共生理论的师生关系重构
——以华侨大学土地资源管理专业为例 …… 双文元　许晓青

19　刑事诉讼法学教学模式的演进与重塑 ……………… 王君炜

27　英语专业社会语言学课程教学预设模式研究 …………… 阎　喜

35　高校新诗教育与教学改革路径探究 ………………… 钱韧韧

47　本科生物工程专业实验教学改革与实践探索
………………………… 陈宏文　赵　珺　蔡婀娜　李夏兰

54　基于工程教育专业认证的培养目标和毕业要求制定
——以华侨大学计算机科学与技术专业为例
………………… 钟必能　陈子仪　林昌龙　緱　锦　杜吉祥

66　工程力学课程教学改革探索 ……………………… 刘海涛

华文教育

72　加强华文教育网络化输出，为"一带一路"铺路搭桥

　　………………………………………………………… 张　斌　徐　申

研究生教育

80　面向侨生的计算机技术专业研究生国际化课程设置探索

　　………………………………………………………… 陈锻生　吴扬扬

思政教育

89　手机新媒体对高校辅导员做好学生工作的影响探析

　　…………………… 张永强　王　巍　周新原　许落汀

97　在社会主义核心价值观引领下助推大学生中国梦实现

　　——以福建四所高校为例 ……………………… 孙君芳

108　政治认同：内地高校港澳学生国家认同的核心

　　…………………………………………… 王潇斌　骆文伟

117　多元文化背景下艺术类大学生诚信教育研究 ………… 陈英文

高校管理

124　高校中外合作办学收费的差异、成因与对策建议

·· 杨默如　杨　烁　廖月丽

139　高校创新创业教育的目标、原则和路径探析

·· 王永铨　陈　星

150　话语权视域下的大学生网络舆情研究

——以华侨大学为例 ······································ 林荣策

163　菲律宾华侨与华侨大学侨捐工程 ·························· 胡　萍

174　高校在 2011 计划协同创新中的角色初探

——以华侨大学为例 ······································ 李雪芬

183　高校青年教师消费行为存在的问题及对策

·· 林益萍

CONTENTS

1　The Study of Applying Team Based Learning Methodology in the Courses
　　for Public Administration Undergraduates ⋯⋯⋯⋯⋯⋯⋯⋯ Hou Zhiyang

10　Restructuring the Relationship Between Teachers and Students on the Basis
　　of Symbiosis Theory: Taking the Land Resources Management Specialty
　　in Huaqiao University as an Example ⋯⋯⋯ Shuang Wenyuan　Xu Xiaoqing

19　On the Development and Reconstruction of the Teaching Model of Criminal
　　Procedure Law ⋯⋯⋯⋯⋯⋯⋯⋯⋯⋯⋯⋯⋯⋯⋯⋯⋯⋯⋯ Wang Junwei

27　A Study of the Teaching Design Model of the Sociolinguistics Course
　　for the English Major ⋯⋯⋯⋯⋯⋯⋯⋯⋯⋯⋯⋯⋯⋯⋯⋯⋯⋯ Yan Xi

35　Exploration of Modern Chinese Poetry Education and Teaching Reform
　　in Universities ⋯⋯⋯⋯⋯⋯⋯⋯⋯⋯⋯⋯⋯⋯⋯⋯⋯⋯⋯ Qian Renren

47　On the Teaching Reform and Practice of Specialty Experiments for the
　　Biotechnology Undergraduates
　　　⋯⋯⋯⋯⋯⋯⋯⋯ Chen Hongwen　Zhao Jun　Cai Enuo　Li Xialan

54　Training Objectives and Graduation Requirements Based on the Accreditation
　　of Engineering Education: Taking Computer Science and Technology
　　Major of Huaqiao University as an Example
　　　⋯⋯⋯ Zhong Bineng　Chen Ziyi　Lin Changlong　Gou Jin　Du Jixiang

66　Research on the Teaching Innovation of the Engineering Mechanics Course
　　　⋯⋯⋯⋯⋯⋯⋯⋯⋯⋯⋯⋯⋯⋯⋯⋯⋯⋯⋯⋯⋯⋯⋯ Liu Haitao

72　Expand the Chinese Language and Culture Education Network and
　　Pave the Way for the Belt and Road Initiative ⋯⋯⋯ Zhang Bin　Xu Shen

80　On the Internationalized Graduate Program of Computer Technology for

　　Overseas Students ·························· Chen Duansheng　Wu Yangyang

89　An Analysis on the Impact of Mobile Phone and New Media on College

　　Counselors' Work

　　············· Zhang Yongqiang　Wang Wei　Zhou Xinyuan　Xu Luoting

97　Boosting College Students' "Chinese Dream" under the Guidance of

　　Socialist Core Values: A Case Study of Four Universities in Fujian

　　·· Sun Junfang

108　Political Identity: The Core of National Identity Education for Students from

　　Hong Kong and Macao in Mainland Universities

　　·· Wang Xiaobin　Luo Wenwei

117　A Study of Integrity Education for College Students of Arts in the

　　Multi – cultural Background ························· Chen Yingwen

124　On the Differences, Causes and Strategies of the Charges of Sino – foreign

　　Cooperative Projects in Colleges and Universities

　　······························· Yang Moru　Yang Shuo　Liao Yueli

139　Research on the Target, Principle and Route of Innovation and

　　Entrepreneurship Education in Universities

　　··· Wang Yongquan　Chen Xing

150　The Study of College Students' Network Public Opinion on the Perspective

　　of Discourse Power: Centering on Huaqiao University ········· Lin Rongce

163　Philippines Overseas Chinese and the Overseas Donation Projects

　　in Huaqiao University ··· Hu Ping

174　An Exploration of the Role of Colleges and Universities in the 2011

　　Collaborative Innovation Plan: Taking Huaqiao University as

　　an Example ··· Li Xuefen

183　Research on the Problems and Countermeasures of the Consumption

　　Behavior of Young University Faculty ···················· Lin Yiping

TBL 教学法在公共管理类本科专业课堂教学中的应用研究[*]

侯志阳

摘　要：TBL 教学法，也称团队学习，强调团队成员围绕某一主题，互助学习、信息共享，进而达到特定学习目标的过程。TBL 教学法在公共管理类专业课堂教学中具有独特的功能，有利于培养学生的问题构建能力，有利于培养学生的知识整理与创造能力，有利于培养学生的合作学习能力，有利于培养学生的公共表达能力，有利于培养学生的学科想象力。TBL 教学法可包含团队构建、团队秀、团队主题演讲、团队答辩、团队绩效考评与反馈等五个步骤。TBL 教学法的成功实施有赖于合适的课程、教师较高的课程掌握能力和学生的积极配合。

关键词：TBL 教学法；团队学习；公共管理；课堂教学

TBL 教学法（Team - based learning），也称团队学习，由美国教育学家 Michaelsen 于 2002 年提出（Michaelse，2008）。这种教学方法是在以问题为导向教学方法（Problem - based learning，PBL）的基础上提出的，强调团队

　＊ 2016 年福建省本科高校教育教学改革研究项目《公共管理类本科拔尖创新人才培养实验班的跟踪研究》（JZ160080）的阶段成果。

成员围绕某一主题，互助学习、信息共享，进而达到特定学习目标的过程。TBL 教学法在医学、计算机、工学等学科教学实践中得到广泛应用，并取得明显的教学成效（尹霄丽等，2015）。但从现有的文献与教学实践看（司林波等，2014；袁淑玉，2012；高学金等，2014；杨运姣等，2016；李坦英等，2016），团队学习在公共管理类本科专业课堂教学中还很少见。团队合作能力，组织协调沟通能力，共同提出问题、分析问题与解决问题的能力是公共管理类本科生的核心能力。相比其他教学方法，团队学习在培养这些能力方面具有独特的优势。本文首先从理论上分析 TBL 教学法在公共管理类专业课堂教学中的特有功能，其次从笔者的教学实践案例剖析 TBL 教学法在公共管理类专业课堂教学中的应用，最后提出公共管理类专业课堂教学应用 TBL 教学法的路径选择。

一、TBL 教学法在公共管理类专业课堂教学中的功能分析

（一）有利于培养学生的问题构建能力

问题构建能力是公共管理类本科生专业培养的重要能力之一。"问题构建"与"问题提出"既有联系又有区别。"问题提出"是"问题构建"的前提与基础；"问题构建"是"问题提出"的深化与提升。"问题构建"的来源包括：生活实践的反思与批判、文献阅读、同行对话与讨论、教师的启发。传统教学方法以教师讲解、学生倾听为主，学生接受的是现成的标准答案。因此，长期以来绝大多数学生认为教师讲的都是对的，书本上讲的都是对的。"教师讲—学生听"的教学模式培养出来的学生缺乏问题意识，也就谈不上问题构建能力的培养。TBL 教学法将 6—8 个学生组成一个团队，在指定的学习主题下，寻找切入点，从某一研究角度，提出问题、分析问题与解决问题。可以说，"问题构建"是 TBL 教学法的第一步。团队成员必须采用头脑风暴，就某一主题各抒己见，提出研究角度。每位成员的思想来源于他们各自的生活阅历、文献阅读或临场启发。总之，思想碰撞的过程就是问题构建的过程。

团队成员共商出研究问题后会请教教师选题是否妥当，教师会将团队提出的问题与所教主题相比较，运用所教课程的公共管理话语来描述问题，并与相应的理论对话，从而完成"问题构建"。

（二）有利于培养学生的知识整理与创造能力

知识整理与创造能力是实现公共管理学科中国化、建设中国公共管理话语体系的重要条件。因此，培养公共管理类本科专业学生的知识整理与创造能力至关重要。中国公共管理源于美国，主要仍停留于翻译美国公共管理理论，缺乏本土化。虽然其中的原因很多，但也与教学方法密切相关。在公共管理学科传统教学方法的知识传输中，学生被动接收知识，学生的大脑像一个容器，负责吸收各种"information"（信息），缺乏将信息进行整合、"transformation"（改变）的过程。TBL 教学法强调每位团队成员须阅读一定的公共管理专业文献，对文献进行归纳分析，选取有用的信息进行组合，提出自己的想法；然后，通过多次团队讨论，议出选题、撰写讲义、PPT 汇报等，这其实就是对公共管理知识进行整理、分析、重组、创造的过程。

（三）有利于培养学生的合作学习能力

公共管理学科得以存在的前提是"公共"二字，"公共"的本意就是大家的事，就需要集体行动、共同合作。因此，合作学习是公共管理类本科生能力体系的应有之义。在"教师讲—学生听"的传统教学中，学生呈现原子化、个体化状态，缺乏信息共享与知识分享。TBL 教学法强调每个团队成员都要贡献自己的知识，哪怕是一句话、一个词，甚至是一个荒诞不经的想法。有些团队成员的知识分工比较明显，在选题达成共识后，谁负责问题描述、谁负责问题的原因分析、谁负责对策提出、谁负责案例搜集等都很清楚。总之，TBL 教学法让每个团队成员的大脑都处于积极思考的状态，促进团队成员知识互补、取长补短、共同进步，达到学习目标。

（四）有利于培养学生的公共表达能力

公共管理学科是一个应用性很强的学科，要求学生具有较强的口头表达、书面表达和肢体表达能力。这三种表达能力不是在个人日记、宿舍、家里等私人空间中呈现，而是在公共时空中呈现。我们将称其为公共表达能力。在"教师讲—学生听"的传统教学中，学生缺乏讲的机会，也缺乏写的平台，更缺乏身体表现的时空。即，学生是静态的、被动的、呆板的。这种教学方法训练出来的学生肯定不适应公共部门的需要。TBL 教学法强调每个团队成员必须参与团队表演，用自己的身体展现团队学习的主题，无论是舞蹈、歌唱、相声、小品、朗诵等都可以；强调每个成员必须上台脱稿阐述自己对某一问题的看法；必须提交对所学主题的书面报告。因此，TBL 教学法能够训练学生的公共表达能力。

（五）有利于培养学生的学科想象力

每个学科都有自己的学科想象力，都有自己看待世界的眼光、理论与方法。培养公共管理学科想象力，要求学生学会运用公共管理学科的话语、理论、方法来分析身边的公共问题。换言之，学生要有公共管理学科的学术自觉，有公共管理学科敏锐性，把自己的生活世界与公共管理学科的知识世界相连接。要达到这种境界，学生必须深入理解并应用公共管理学科的知识。在"教师讲—学生听"的传统课堂教学中，学生忙于做笔记，缺乏思考空间，很难将知识内化。TBL 教学法要求每个团队成员必须先将所讲主题的知识吃透，才能讲给大家听；必须将与主题相关的知识掌握好，才能回答教师和其他同学的提问；必须将理论与实践相结合，才能运用好案例；必须掌握一定的专业术语，才能撰写学习报告。这个过程对发展学生的公共管理学科想象力是大有好处的。

二、公共管理类专业课堂教学应用 TBL 教学法的案例分析

结合公共管理类本科专业必修课"社会保障概论"的课堂教学，分析 TBL 教学法的应用。按时间顺序划分，TBL 教学法可分为五个步骤，即团队构建、团队秀、团队主题演讲、团队答辩、团队绩效考评与反馈。

（一）团队构建

团队是一个"有机团结"的整体，是为某一个共同目标而建的，要求有战斗力、合作力。因此在团队构建上需花心思做好专业教师的辅导工作。一是团队成员数量控制在 6—8 人。人数太少，达不到团队学习的目的，人数太多，易造成搭便车。二是注意团队成员的合理结构。性别比例尽量均衡，正所谓男女搭配干活不累。性格搭配也要均衡，外向型与内向型的同学结合，才能提高团队成员分工的有效性。三是选好团队负责人。负责人是团队的领头羊，关系到团队学习的成败。负责人要选责任心强、组织、协调、沟通能力较强的学生。

"社会保障概论"是公共事业管理专业的必修课，授课时间 18 周，每周 3 学时，共 54 学时。如果 54 学时全都由任课教师主讲，学生听，教学效果非常差。我们将学生（通常一个班 50 人）分为 7 个小组，每组 7 人左右，每组要选一个小组长。我们将"社会保障概论"的核心内容分为 7 个主题，包括养老保障、医疗保障、失业保障、生育保障、工伤保障、社会救助和社会福利。采用抽签方法，每组负责一个主题的学习汇报。每组都有一个班干部、一个公共表达能力较强的同学，保证团队学习的可行性。

（二）团队秀

所谓团队秀，即是团队以艺术表演形式将所汇报的主题展现出来。形式可以多样化，舞蹈、歌唱、相声、小品、诗歌、朗诵等都行，但必须与主题相关。团队每个成员都要参加。团队秀可以在课堂上现场表演，也可在课堂

外取景拍摄。团队秀时间控制在 7—10 分钟。"台上一分钟，台下十年功"。做好几分钟的团队秀，要求团队成员前期做好各种准备工作。有的同学负责创意设计，有的负责剧本写作，有的负责彩排，有的负责拍摄，每个同学都是演员。其实就是创作一部微型电影。

以"社会保障概论"课堂教学为例，就养老保障主题而言，有些同学以空巢老人为选题，研究空巢老人面临困境与对策。选择这一主题的团队，通常以小品形式反映空巢老人的诉求。而在医疗保障的问题展现方面，有些团队会以诗歌、朗诵的形式表现白衣天使在医改环境和复杂医患关系中的心路历程。

（三）团队主题演讲

团队主题演讲就是团队学习汇报，由团队成员将学习心得以 PPT 形式在课堂上向教师和其他同学汇报。汇报时间控制在 15—20 分钟。每个团队可挑选口头表达能力、"台风"比较好的同学做汇报；也可以将汇报内容分为几个模块，每个同学负责一个模块的汇报。汇报内容包括团队学习收获、学习困惑、与实践结合三个部分。团队主题演讲需要团队成员通力合作，有的同学负责制作 PPT，有的负责写讲义，有的负责问题设计，有的负责课堂氛围调动。

以"社会保障概论"课堂教学为例，就失业保障主题汇报而言，多数团队采取分工汇报的方式。这些团队将失业保障的知识分解为失业保障定义、特征、失业人群类型、失业原因、危害以及解决思路等，然后由不同的同学上台汇报。

（四）团队答辩

团队答辩是由扣除团队成员的其他同学和任课教师针对团队学习的主题进行提问、团队成员进行回答构成。这部分时间控制在 20—25 分钟。有两种形式，一种是由团队成员提出学习过程中的问题与困惑，组织其他同学来共同解决问题；一种是由其他同学或教师现场提问。通常两种形式交叉使用，但负责主题汇报的团队必须事先提两个与主题密切相关的问题。这个环节对团队来讲也面临诸多挑战，比如，如何提出有价值的问题、如何调动其他同学的参与、如何巧妙回答同学或教师的提问。

以"社会保障概论"课堂教学为例，就工伤保障主题汇报而言，由于工伤保障涉及法律知识比较多，学生平时接触也比较少，切身感受不明显。团队成员要提出有价值的命题或精准回答其他同学的提问，就必须阅读大量的法律条文或案例。尤其对工伤认定的情形、视同工伤的情形、不得认定为工伤的情形以及最新法律动态都要有较准确的把握。这也促进团队必须做足课前准备。

（五）团队绩效考评与反馈

团队绩效考评与反馈是由团队以外的同学对团队学习汇报进行打分并提出改进的意见或建议，然后由任课教师做点评。这部分时间控制在 5 分钟。团队绩效考评与反馈情况作为团队成员平时成绩，占期末总成绩的30%。同学的平均分由学习委员、两名团队外成员共同负责计算，计算时须扣除一个最高分和一个最低分。学习委员还要负责教师和同学评议意见或建议的汇总。下一次上课时，任课教师会在课堂上公布团队学习的成绩。

以"社会保障概论"课堂教学为例，团队绩效考评与反馈分为评分、评价意见和听后的问题三个部分。评分包括四项一级指标、14 项二级指标。学生评分时根据团队表现，按四个一级指标打分即可。

三、公共管理类专业课堂教学应用 TBL 教学法的保障条件

TBL 教学法运用15 年以来，取得了明显成效。以"社会保障概论"课堂教学为例，每届学生的评教值都在 92 分以上。很多学生认为，采用 TBL 教学法受益颇多。有的学生说，团队学习让他学会了怎么选题，怎么运用所学知识分析身边的问题；有的学生说，团队学习让他学会了资料查找的方法和资料分析的方法；有的学生说，团队学习让他懂得了怎么与人交往、合作

共同完成一个学习目标；有的学生说，团队学习让他懂得了制作精美 PPT 的技巧；还有的学生说，团队学习让同学们提高了公共场合的演讲能力。可以说，TBL 教学法在"社会保障概论"课堂教学中总体运行比较成功。

那么，如何保证 TBL 教学法的在公共管理类本科专业课堂教学中良性运行呢？有如下几点注意事项：

第一，选择合适的课程。并非所有的课程都适合运用 TBL 教学法。TBL 教学法适用于学生自学能够理解内容的 60%，并且课程内容适合分模块、分团队。比如，统计学、高等数学、会计学原理等就不太适合 TBL 教学法。

第二，教师的课程掌握能力要求较高。一是要将课程划分成几个内在逻辑严密且有利于学生团队自学习的主题。二是要严格控制好时间，团队学习总时间不能超出一节课，否则易导致学生泛泛而谈，缺乏知识含量。主题汇报环节，有的学生一味念课件，并且超时，碰到这种情况，教师要果断叫停，否则会浪费大家的时间。三是要将学生的汇报、问题、互动进行理论提炼与知识建构。如果教师不能从专业角度对学生讨论的问题进行解读，团队学习就会陷入混乱状态，学生不知道知识要点是什么，课堂学习就失去了意义。四是要善于调动学生的积极性，树立学生团队学习的信心。很多学生习惯于填鸭式教学，不喜欢开口或不敢开口。教师在 TBL 教学法中要将学生表现与期末成绩有机结合，调动学生积极参与。除了成绩考核激励外，更重要的是用精神激励，让学生觉得在团队学习中确有收获，让学生感受学习的快乐。

第三，学生的配合。教学本来就是师生共同合作的事业，是对立统一的关系。"教"与"学"本就是一对矛盾，要善于发挥其中的正能量，促进教学相长。学生的配合与教师的人格魅力至关重要。学生乐于参与 TBL 教学，除了考试成绩的压力和学习的乐趣外，还受到教师的教学态度、为人处世的影响。如果任课教师高度负责，上课激情澎湃，将学生视为己出，热爱学生，为学生的学业、职业付出自己最大的努力，学生是可以感受到教师的爱，也会受教师的感染，自觉融入团队学习中。反之，如果教师上课一塌糊涂，上课瞎扯，没有知识含量，思路混乱，口齿不清，何以服众？这种情况，无论实施什么样的教学方法，学生也未必领情。若只是教师讲自己的，学生做自己的，则教学分裂，课堂失灵。

【参考文献】

［1］尹霄丽，桑红庆. 基于团队学习方法在"信号与系统"课程中的实践［J］. 北京邮电大学学报（社会科学版），2015，17（5）：76—80.

［2］司林波，谢中起，李春林. 基于合作能力培养的团队合作案例教学模式探索——以公共管理类本科专业课程教学为例［J］. 教学研究，2014，37（5）：25—29.

［3］袁淑玉. 大学生团队学习模式的实践探索——石河子大学公共管理类课程的教学改革实践分析［J］. 石河子大学学报：哲学社会科学版，2012（B12）：120—121.

［4］高学金，王普，张会清等. 团队学习在专业学位研究生课程教学中的研究［J］. 教学研究，2014，37（5）．

［5］杨运娇，罗超群. 公共管理专业课研究性教学改革思考与探索——以公共事业管理学课程为例［J］. 浙江理工大学学报：社会科学版，2016，36（5）：498 –503.

［6］李坦英. PBL教学法在《公共管理学》教学中的应用研究［J］. 新教育时代电子杂志（教师版），2016（10）．

［7］Michaelsen L K，Sweet M，Parmelee D X. Team – based learning ：small group learning's next big step［M］. Jossey – Bass，2008.

华侨大学　政治与公共管理学院

基于共生理论的师生关系重构

——以华侨大学土地资源管理专业为例

双文元　许晓青

摘　要：通过观察和调查，发现华侨大学土地资源管理专业在教育教学中的师生关系，存在着一些问题，如师生关系功利化、师生感情冷漠化、师生交流缺乏化、师生矛盾加剧化等。采用共生理论论述和改善土地资源管理专业在教育教学中的师生关系，分别从共生单元、共生模式和共生环境三方面展开，重塑师生共生聚合体，重构师生互惠共生模式，重建师生正向共生环境，建立和谐共生的师生关系。

关键词：共生理论；师生关系；华侨大学；土地资源管理专业

教师、学生是大学最核心的两大角色，他们之间关系的好坏直接决定着教育教学工作顺利开展，决定着教育教学目标的完成与否，决定着教育教学质量好坏。作为"面向海外、面向港澳台"的侨校，华侨大学土地资源管理专业（简称"土管专业"），不仅有境内学生，也有不少侨生。来自海外的华侨学生和来自内地的境内生，他们的文化模式、文化圈层、思维方式明显不同，产生了比较鲜明的文化差异，形成夹杂着以西方文化为亚本和以中国传统文化为母本文化的复合体，使得华侨大学形成了一个特殊的文化场域，传统文化与外来文化的多元文化冲突和共融共存。特别在课堂上，形成境内生与教师、侨生与教师两种不同文化背景的师生关系，这使得师生关系遇到更多挑战。

一、土地资源管理专业教育教学中师生关系现状

（一）师生关系功利化

受到市场经济功利化对校园的渗透、社会的多元化对校园的"拉扯"等，有些土管专业教师"放羊式散养"，对学生学习不闻不问；由于教师绩效考核制度，重视科研轻视教学，一些教师只顾埋头做自己的科研，做大量课题，教师变"老板"、学生变"员工"，将自己的利益理念架在传道、授业、解惑之上。正如日本学者所说："现代教育陷入了功利主义，这是可悲的事情，这种风气带来了两个弊端，一个是学问成了政治和经济的工具，失掉了本来应有的主动性，因而也失去了尊严性。另一个是以为唯有实利的知识和技术才有价值，所以做这种学问的人都成了知识和技术的奴隶。教育的唯功利指向，成了重要帮凶的角色。"[1]这些被不良社会风气、思想腐蚀的行为，助长了师生关系功利化。

（二）师生感情淡漠化

师生关系是一种特殊的人际关系，据统计，教师和学生的校园生活有近80%的时间是在教学活动中度过的。而土管专业里一些教师忙于社会活动，对学生的成长不太关心，更多的是在乎自己的现实利益的实现。教师对学生不管不问，采取消极放任的态度，对学生取得的成绩不表扬不鼓励，对学生错误行为不批评不教育。特别是侨生，由于身份、文化背景和思维方式与境内生不一样，与境内生和教师感情比较淡漠。学生忙于参加社团活动或到校外兼职求职等，师生彼此间亲近感减弱，疏远感增加，造成师生感情淡漠化。

（三）师生交流缺乏化

大学师生关系的衡量标准之一是师生在课堂内外的各种交流。目前华侨

大学土管专业师生课堂交流不够充分，课堂外交流更少。教师"上课踩点，下课走人"，师生交流缺乏。在课堂上，一些专业教师对着 PPT 念讲课内容，根本没有和学生有过交流。有些任课教师甚至没有给学生留联系方式。根据笔者的一次调查，约 65% 的学生不知道土管专业教师的联系方式，而 60% 左右学生在课堂外与任课教师没有过交流。一些土管班的班主任很少主动到寝室去走访，更不会去侨生的寝室走访了。一些侨生，由于语言障碍和知识体系不同，只愿与自己同地的同学交流，不愿与境内同学、教师进行交流。

（四）师生矛盾加剧化

由于土管专业很多学生是 90 后的独生子女，在学校学习生活过程中，更加独立，更加注重自己的利益，难免会和教师的意见或说法不同，造成一些师生矛盾。如在课堂教学过程中，有学生就直接提出自己的想法，对教师看法不赞同，冒犯教师；有学生在上专业课时，玩手机，不听教师劝阻；在学校"阳光成长计划"、奖学金评定等方面，也造成了师生之间的矛盾，导致师生关系紧张。师生矛盾从原来的隐蔽型和轻微化，走向今天的公开化和激烈化，和谐的师生关系遭到破坏。学生学习动机具有短期性和直接性，而教师上课有时不注意方式方法，也造成师生关系的问题和矛盾。

二、共生理论内涵

作为种族生态学核心理论的共生理论，阐述的是各共生单元之间物质的传输、能量的传导、信息的传送及其共生的模式与环境[2]。该理论已在生态、农业、农村居民点、农民、经济、旅游业、管理、教育[3-10]等领域广泛应用。

在共生理论中，共生单元（Unit）、共生环境（Environment）和共生模式（Model）三个基本要素组成了共生。共生即在共生环境中各共生单元间按照某种共生模式形成的相互作用、相互影响关系，从而构成共生系统。共生本质就是共同适应、共同进化和共同发展。这三个因素中，共生单元是基础，是共生关系系统的物质条件，是共生系统的结构和功能的基本单位，也是基本能量生产和交换单位；共生环境是外界条件，是共生关系存在的重要外部因素；共生模式是关键，是共生单元相互作用的方式，它能优化共生系统。师生关系的共生是指在教育教学过程中，平等的师生主体单元之间，以共同学习、共同进步、彼此包容的师生共生关系为核心，在正向共生环境中，以互惠共生模式形成的相互作用、相互影响的共生系统。

三、基于共生理论的土地资源管理专业师生关系分析

构建和谐共生的师生关系是教育共同的追求。利用共生理论，对师生这个共生单元，立足于师生平等主体地位，承认和接纳师生差异性和独特性的基础上，在教育教学过程中，师生互惠共生，全方位、全过程对话和交流，在开放和动态共生环境中促进师生关系转型。

（一）共生单元分析

共生单元是指在教育教学活动过程中构成共生关系的单位个体，也即是共生体，是共生系统构成的物质基础。在教学活动中，教师和学生就是教育教学系统中两个共生单元。囿于过去"以教师为中心"的影响，使教学变成技术性职业、教师是技术人员、知识的传授者和单向度的主体，忽视了学生的角色作用，给师生关系带来负面影响。在共生理论中，学生和教师的作用同等重要，学生在教育教学中作为知识的受众者，是教学活动的目标指向，是教学任务和目标的对象。教师和学生在教育教学活动中地位平等，师生关系是教师和学生之间本真的、非功利的精神和心灵的沟通。而在华侨大学土地资源管理专业中，构成共生单元的师生，一个主体是教师，一个主体是境内学生，还有侨生，他们在师生关系中都处于主体地位。

（二）共生模式分析

共生模式是共生单元师生在相互作用和相互交流过程中采用的方式，它

既反映共生单元作用的方式，也反映共生单元作用的强度。共生模式有寄生、偏利共生和互惠共生三种模式。寄生模式本身不会产生新能量，在共生过程中能量是单向流动的；偏利共生模式会产生新能量，但能量只归某一共生单元所利用，只对某一共生单元有用，对另一共生单元无利无害；互惠共生模式会使共生单元都产生能量，而且这些能量在共生单元之间分配，会形成双向利益交流，促进各个共生单元成长。在教育教学活动中，师生关系是互惠的，教育教学中，一方面教师将土地资源管理相关的专业知识传授给学生，在课堂外，与学生进行交流和活动，另一方面学生在教师的指导下学习专业知识，掌握学习方法，增长知识和能力，掌握未来发展的本领，这是一种互惠共生的师生关系模式（表1）。

表1　各种共生模式比较

模式名称	模式内容	模式特征	使用效果
寄生模式	一共生单元寄生在另一共生单元上，发生共生关系。	本身不会产生新能量，在共生过程中能量是单向流动的。	不太好
偏利共生模式	共生单元相互发生共生关系，产生能量只供某一共生单元使用。	会产生新能量，但能量只归某一共生单元所利用，只对某一共生单元有用，对另一共生单元无利无害。	一般
互惠共生模式	共生单元相互发生共生关系，产生能量在共生单元之间分配。	会使共生单元都产生能量，而且这些能量在共生单元之间分配，会形成双向利益交流，促进各个共生单元成长。	较好

（三）共生环境分析

共生单元之间的关系是在一定环境中产生和发展的，这种环境就是共生环境，是除了共生单元之外的所有因素的总和。从土地资源专业教育教学来说，这种环境主要是国家宏观环境、学校中观环境和学院专业微观环境。共生环境对师生关系的影响有正向、中性和反向三种影响。正向的共生环境是追求和谐融洽师生关系的外在影响因素。尽量创造正向的外界环境，引导土地管理专业教师在教育教学活动中实现良好的师生关系。教师们应转变角色，采用新的教学方法，积极倡导在课堂内外与同学们进行积极交流，关心学生，帮助有困难的学生，特别是侨生。在土管专业的土地估价、测量实践、地理信息系统（GIS）等实践性强的课程中，要进行交流和感情沟通，使师生关系改善。

四、基于共生理论的师生关系重构

融洽的师生关系是大学教育的基石，而教育教学活动是一个充满生机的动态系统，是建立和谐师生关系的有效载体，课堂是建立良好师生关系的最重要场所。改进专业教育教学中的师生关系，应该从教育教学这一环节入手，通过师生这两个共生单元，重塑师生共生聚合体，重构师生互惠共生模式，重建师生正向共生环境（图1）。

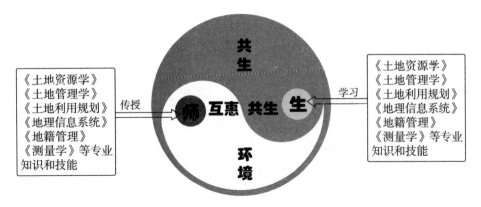

图 1 基于共生理论的师生关系构建

（一）重塑师生共生聚合体

师生关系起始于大学教育教学过程中，师生两个主体是教育教学过程中良好师生关系的主角。在重构土管专业师生关系过程中，首先要重塑师生共生单元。在与土管专业学生的交流中，他们在谈及专业教师时，会不自觉地与其他教师进行比较。在选课时，他们会对教师进行一番"背景调查"。他们对教师的不满，主要针对那些职业素养不高的教师，这是因为学生希望建立融洽的师生关系。师生既是单独存在的群体，也是在教学活动过程中缺一不可的共生聚合体。教师应摆正心态，视学生为平等的知识学习主角，在人格方面尊重学生，包容学生的不足，时刻关注学生成长，关心学生日常生活；要提高师生共生单元的连接度，加大师生共生单元的关联度，强化师生共生单元的平等度，巩固师生共生单元的熟悉度。特别对于侨生要更加关注，要从平等的角度，不嫌弃也不高看他们，从现实来看待他们，关心他们，爱护他们。

（二）重构师生互惠共生模式

在国内，一些学校着眼于创新人才、优秀人才的培养，在不断探索诸如本科生导师制、小班化教学等形式，还有一些学校采取教授指导下的本科生培养等个性化教学模式。这一方面是培养方式的转变，另一方面也是在探索师生互惠共生关系，有助于建立师生良性互动的教育生态和融洽师生关系。互惠互利，共同学习，共同成长，是构建良好师生的共同要求。在重视教师主导作用的同时，要尊重学生的个性和学习的主体地位，构建师生相互尊重、平等信任和彼此理解的无障碍对话关系。互惠共生的师生关系是平等主体之间的坦诚相见，是师生双方共同在场、互相关照、互相包容、共同成长的关系，在土地资源管理专业测量学课程学习中，教师讲授水准仪、经纬仪和全站仪等测量仪器操作，指导学生进行实践，特别对于侨生，要多留心，多帮助，多关心；学生在具体应用测量知识进行水准测量、角度测量、距离测量，师生共同学习，共同进步，完成教学任务，实现教学目标，建立互惠共生的师生关系。

（三）重建师生正向共生环境

正向共生环境是良好师生关系的存续保障。从教师这方面来看，绝大多数土管专业教师都关心学生、希望与学生建立良好关系。但是，教师要评职称、要提高待遇，疲于完成科研项目、课题等指标，而不愿或无暇投入过多时间与学生进行交流和辅导学生等。因此，对于专业教师而言，首先应当主动加强自身职业素养、教学能力锤炼，提高教学和科研能力，科学安排时间，让自己既善于与学生交流互动，又乐于与学生亲近与交流。教师还要注重创设师生平等和谐的对话环境，建立教师与学生交流的制度，如教师定期和学生进行沟通交流，到境外生寝室走访，形成师生互动，相互学习；充分利用各种各样的学习环境和学习形式，如土管专业的测量学、GIS 等实验课，与学生一起进行操作实践，鼓励学生勇敢质疑，宽容学生不足和错误，特别对于侨生，要手把手教，一步一步操作，使侨生感觉到教师对他们的关爱，让师生在多元文化的对抗和磨合中积极互动，进而促进师生的共同成长进步。

五、结论

土地资源管理专业要求学生学习土地管理方面的基本理论和基本知识，也要训练土地规划、测量、GIS、地籍管理、土地调查等内容，还要学习土地利用与管理等能力，既有理论学习还有实践操作，这就更加要求在良好师生关系下，才能实现土地资源管理专业的教学目标和任务。在华侨大学，采用共生理论来重塑师生共生聚合体，重构师生互惠共生模式，重建师生正向共生环境，建立和谐共生的师生关系。对于侨校——华侨大学来说，妥善处理好侨生与专业教师之间关系、境内生与专业教师之间关系，更要建立侨生和境内生与专业教师的师生互信共同体，构建针对兼顾境外学生心理需求、行为调适与教育内容相结合的共生模式，创造针对侨生隐性情境和情感情境的共生环境，促进"一元主导、多元交融"的校园文化和"宽容为本、和而不同"的校园精神。

【参考文献】

［1］［日］池田大作. 展望二十一世纪——池川大作对话录［M］. 上海：上海国际文化出版社，1985：61.

［2］Perru O. Cooperation Strategies, Signals and Symbiosis［J］. Comptes Rendus Biologics, 2006（12）：928—937.

［3］Paracers，Ahmadjianv. Symbiosis：an Introduction to Biological Associations（2nd E-dition）［M］. Oxford：Oxford University Press，2000.

［4］Omacini M，Semmartin M. Grass – endophyte Symbiosis：A Neglected Aboveground Interaction with Multiple Belowground Consequences［J］. Applied Soil Ecology，2012（61）：273—279.

［5］王成，费智慧，叶琴丽，等. 基于共生理论的村域尺度下农村居民点空间重构策略与实现［J］. 农业工程学报，2014，30（3）：205—214.

［6］罗庆，李小建. 基于共生理论的农户群发展研究：以河南省孟寨村农户群为例［J］. 经济经纬，2010（2）：48—51.

［7］冷志明，易夫. 基于共生理论的城市圈经济一体化机理［J］. 经济地理，2008，28（3）：433—436.

［8］李亚楠. 基于共生的山西省乡村旅游产业整合发展研究［D］. 太原：山西财经大学，2011：40—46.

［9］张梦梅. 基于共生理论的城乡基层社会管理改善策略研究——以宜昌市西陵区为个案［D］. 武汉：华中师范大学，2014：10—12.

［10］李运奎. 共生理念引领下的共生性课堂建构［J］. 江苏教育研究，2011（3）：42—45.

华侨大学　政治与公共管理学院

刑事诉讼法学教学模式的演进与重塑

王君炜

摘　要： 刑事诉讼法学是法学核心课程之一。长期以来，各法学院校均普遍采取由教师讲授教学为主的单一模式。随着法治的发展进步，刑事诉讼法学课程教学逐步发展为由讲授法、案例教学法和互动式教学法等多种教学法综合运用的多元化模式。但基于案例教学法的局限性以及互动式教学法的失灵，应当对现有的刑事诉讼法学教学模式予以改革。具体而言，应强调教学理念的更新、教学方法的改良以及考核方式的完善。

关键词： 刑事诉讼法学；教学模式；多元化

刑事诉讼法学是我国法学学科体系中的一个重要分支，也是当前法学教育的基础课程之一[1]。然而，受到我国长期存在的"重实体、轻程序"法律传统影响，刑事诉讼法更多地被赋予了保障刑法的贯彻落实这一工具性价值。多数高校在很长一段时间内对于刑事诉讼法课程的教学并不重视，不仅设置的学分低、学时少，甚至有很多高校将刑事诉讼法课程与刑法课程合并授课，由刑法教师兼任。在教学模式上，多数高校普遍采取由教师讲授教学为主导、照本宣科的单一模式。具体表现为教师向学生灌输课本知识，学生普遍采用上课记笔记、考前背笔记的方式完成课程学习[2]。这种授课模式难以实现刑事诉讼法课程的教学目的。对于法学专业的学生而言，刑事诉讼法课程的教学目的大致有三个方面内容：一是引导学生掌握和理解现行刑事诉讼法律规范的内容和立法背景；二是结合国内外的典型案例，使学生了解刑事诉讼法在实践中的运行现状；三是使学生领会刑事诉讼法的目的价值、基本原则等理论，引导学生运用刑事诉讼法的基本原理反思和检讨现行立法和司法实践中存在的不足、缺陷和问题。然而，在这种单一的机械式授课模式下，课堂上师生之间往往缺乏互动与交流；而在课堂外，学生也大多难以调动热情积极参与课堂教学活动。这也使得学生缺乏学习的积极主动性和独立思考问题的能力[3]。沉闷的课堂气氛无助于学生对刑事诉讼法学知识的学习，也无法提高学生的创新性思维和对法律规范的分析整合能力，进而难以实现刑事诉讼法课程的教学目的。随着法治的不断发展与进步，作为程序法的刑事诉讼法课程教学开始受到越来越多的关注和重视。刑事诉讼法课程的教学理念不断更新，教学手段也逐步由单一模式走向多元化。这种多元化的教学模式对于推动刑事诉讼法学教学的发展具有重要意义，但因其教学方式与考核方式所存在的局限性，仍需要通过进一步的改革予以完善。

一、刑事诉讼法课程教学模式演进的原因

（一）刑事诉讼法学的学科特点决定了讲授式教学法难以满足该学科的教学需求

刑事诉讼法是对刑事司法实践中所适用的程序性问题进行理论概括的部门法学，是一门实践性很强的应用型学科。但传统以教师为中心、进行信息单向传递、学生处于从属地位的教学方法不仅不能培养出法治国家建设所需要的法学人才，相反会窒息学生的智慧，阻碍学生学习的主动性[4]。在教学实践中，将案例教学法、互动教学法等多种教学方法与传统的讲授法相结合，可以推动信息的双向传递和互动交流，加强学生对刑事诉讼理论的认知，并提升他们的实务操作能力。

（二）刑事诉讼法学在整个法学学科体系中的地位开始受到更多的重视

刑事诉讼法是刑事诉讼法学学习和研究的主要对象。从刑事一体化的角度而言，作为实体法的刑法与作为程序法的刑事诉讼法在刑事司法实践中，不可偏废。刑法作为对个人进行限制的法律，目的是为了维护基本的社会秩序，防止因犯罪得不到控制而出现的无政府状态。而刑事诉讼法不仅具有保证刑法实施，实现实体公正的工具性价值，也有其独立存在的价值和意义。刑事诉讼法的制定和适用本身也在实现着秩序、公正、效益价值。刑事诉讼法的立法宗旨在于规范职权机关行使权力，避免公安机关、检察机关等职权机关职权行使的恣意性，从而使他们的行为纳入到法律的轨道，进而保障包括当事人、诉讼参与人在内的公民的基本权利。学界对于刑事诉讼法在现行法律体系中的重要性的深刻认识，是刑事诉讼法课程教学模式改革的推动力。

（三）国家司法考试等综合性考试对于刑事诉讼法课程的考察方式和理念发生了较大转变

中国是考试大国，考试之于教学的导向作用在中国的教育体系中极为突出，即便在各大高等学府亦难以免俗。传统上，对于刑事诉讼法律法规和司法解释的记忆考察长期以来占据着司法考试以及研究生入学考试等关系学生前途命运的大型考试的重要地位。由于刑事诉讼法部分内容繁多，法律条文庞杂不齐，因此在刑事诉讼法课堂上，由教师负责讲授如何理解和记忆刑事诉讼法的法条也成了刑事诉讼法课堂教学的主要内容。随着学科地位的不断提升，刑事诉讼法在司法考试中的分值比重也大幅增加，考察的内容、方式也趋于复杂化。传统的法条记忆在考试中的比重逐年下降，而更加强调对于刑事诉讼法基础理论，以及司法文书写作等实践技能的考察。国家司法考试对于刑事诉讼法学考核方式的改变也成为教学模式改革的外部动因。

二、刑事诉讼法课程教学模式的多元化进路

基于上述原因，有许多高校和教师开始致力于刑事诉讼法课程的教学改革。课程的教学模式也逐步从单一的讲授法走向多元化。在课程改革的多元化进路中，较为具有代表性的是案例教学法和互动教学法的引入。

（一）案例教学法

所谓案例教学法，是指根据教学目的和要求，由教师选定典型案例，并组织学生围绕案例进行思考、分析和讨论等活动的教学方法[5]。刑事诉讼法的学习不仅局限于法律文本，更要从"纸面上的法律"走向"行动中的法律"。在我国的刑事司法实践中，学生需要了解并掌握案件从立案阶段到审查起诉阶段，再到一审、二审、审判监督程序乃至死刑复核程序的整个过程。也需要了解辩护制度、证据制度和强制措施制度等具体的诉讼制度在实践中如何具体地运行以及出现异化的情形及原因。例如，以"念斌案"为切入，可以深入剖析疑罪从无原则在我国司法实践中如何实现从无到有的发展变迁；通过"呼格吉勒图案"可以了解刑讯逼供在冤案的产生中所起的作用，并充分意识到非法证据排除规则的价值和意义。

（二）互动教学法

所谓互动式教学，就是由教师充分发挥引导作用，结合教学内容设置合理的问题吸引学生积极参与问题的思考、讨论，并由教师在学生充分讨论的基础上对问题予以归纳、总结和凝练，进而使学生领会所学知识的教学方式[6]。互动式教学体现出了教师主导作用下学生积极、主动参与教学的主体地位。之所以引入互动式教学法，是因为从学习效果上看，学生在积极参与中取得和构建的知识要远比"灌输"所获的知识记忆深刻。例如，对于死刑复核程序中的律师辩护权问题，立法对于律师在死刑复核程序中是否享有辩护人的诉讼地位，如何参与死刑复核程序以及参与后享有哪些诉讼权利并无

明确规定，使得实践中律师难以有效地参与死刑复核程序，会见权、阅卷权和调查取证权的行使更是困难重重。通过互动式教学法，可以由教师从死刑复核程序的性质定位入手，引导学生对死刑复核程序的模式、死刑复核过程中律师的诉讼地位和权利的探讨，启发学生对死刑复核程序进行深刻认知。

三、刑事诉讼法课程教学模式的重塑

由于诸多原因所带来的刑事诉讼法课程教学模式改革，加之广大刑事诉讼法教学科研工作者的努力，使得当前的教学模式相较于以往更具合理性。然而教学理念的滞后，教学方法的失灵以及考核方式的缺陷，仍应考虑对现有的课程教学模式进行重塑。

（一）教学理念的更新

法学教育究竟应该致力于培养高水平的学术研究人才，还是着眼于培养高素质的法律职业精英？教育的主要内容应当以理论研究为核心还是以实务训练为主体？是以职业教育为主还是以通识教育为主？这不仅是中国的法学教育，也是困扰各国法学教育界的共同难题，是研究课程教学改革需要解决的首要问题。在我国，传统的教学理念更加偏重于讲授基本概念和基本原理的理论教学，而忽视了实践技能的培养。实际上，上述问题的解决并非存在非此即彼的对立关系。法学教育具有内在的二重性，从培养目的上看，它表现为实践型人才的训练和学者型人才培养的二重性；从教学内容上看，它表现为法律职业的特定技巧和思维与法学的知识体系和人文理论培养的二重性[7]。作为一门严谨的学科，刑事诉讼法学是由包括无罪推定、控审分离、控辩平等和正当程序等原则支撑的部门法学，基本理论对于刑事诉讼制度和程序的设置具有支配作用，也对刑事司法实践产生了深刻的影响。同时，刑事诉讼法作为实践性极强的学科，对于司法文书写作、司法实践技能的培养以及对司法实践的关注，又将对理论教学产生反哺作用。

(二) 教学方法的改良

（1）在互动式教学法中宜充分发挥教师的主导作用。在传统的互动式教学中，许多教师忽视了对于互动过程中节奏与内容的掌控和引导，导致教学过程中出现了缺乏交流的冷场现象，进而出现讨论失控的尴尬境地。在"刑事诉讼法"互动教学过程中，教师充分发挥主观能动性，积极引导学生参与讨论，是保证教学质量的前提条件。在互动式教学中，教师应当全程给予引导，充分把握沟通的方式和技巧。在互动式教学中，教师要善于打破冷场，当出现背离主题的情况时要及时予以纠正[8]。如在引导学生对于"被害人申请抗诉权"问题的学习中，应该坚持发挥教师主导作用，鼓励学生从被害人诉讼地位的历史演变入手，了解英美法系国家和大陆法系国家被害人所处的诉讼地位的类型，使学生分别论述赋予被害人上诉权的利弊关系，进而明确在我国确立被害人申请抗诉权的意义之所在。

（2）利用案例教学法对基础理论进行深层解读。案例教学法的引入，对于缺乏实践经验的本科学生而言，具有重要的价值。但在固有的案例教学法中，许多教师往往将案例教学解读为对于法律现象或法律术语的解释说明，更有甚者将其作为单纯用于填充课堂内容以及提升课堂趣味性的工具，而忽视了案例对于基础理论的阐释功能。例如，在对实体公正与程序公正的关系进行辨析时，引入辛普森案与杜培武案作为案例进行比较。在辛普森案中，控方拥有强有力证据，但辛普森却最终被宣告无罪呢？原因在于以美国为代表的英美法系国家奉行当事人主义的诉讼模式，强调程序公正优先。在美国人看来，审判过程比审判的结果更重要，如果程序不公，审判结果将一文不值。相反，如果程序公正，即使审判结果可能不公，那也可以接受。换句话说，在诉讼价值诉求中，相比结果而言，美国人更注重过程。"辛普森案"的实践告诉我们：强调程序优先可能会放纵犯罪，但至少实现了程序上的正义。实体公正的实现依赖于程序公正的保障。公正的程序事实上是公正司法的经验的累积。在这个意义上，程序公正是实体公正的有力保障。不按照程序公正去追求实体公正，甚至为追求实体公正，不惜牺牲程序公正，结果往往徒劳无功，如通过刑讯逼供获取的口供就极有可能是虚假的。

（三）课程考核方式的完善

课程考核是衡量学生知识掌握程度和评估思维能力的主要方式。当前，刑事诉讼法学科的课程考核成绩主要由期末笔试及平时表现（主要包括作业和考勤）构成。课程考核方式对于现阶段的本科生甚至研究生而言，具有很强的导向作用。教学模式的重塑不仅需要教学理念的更新，教学方式的改造，更有待于考核方式的完善。就刑事诉讼法课程的考核而言，期末考试与平时表现的二元化考核并无太大问题，关键在于评价的内容、标准和方式。首先，现有的期末考试仍使用选择、名词解释、简答、论述、案例等传统题型，采取闭卷考试方式。中共中央办公厅、国务院办公厅印发了《关于完善国家统一法律职业资格制度的意见》指出："着重考查……法治思维和法治能力，以案例分析、法律方法检验考生在法律适用和事实认定等方面的法治实践水平。……考试以案例题为主，每年更新相当比例的案例，大幅度提高案例题的分值。"其次，加大平时表现分在考核成绩中的比重，明确平时表现的成绩来源。为此，可以借鉴美国哈佛商学院的考核方式，"有一半取决于课堂发言，另一半则视考试成绩而定"[9]。增加课堂发言的评分比例不失为一种促进学生参与课堂讨论的良好方式，不过，还可以增加其他考核方式，比如为促使学生自学，可以适当增加学生课外阅读的评分等。

【参考文献】

［1］陈光中，徐静村．刑事诉讼法学［M］．北京：中国政法大学出版社，2004（6）．

［2］［3］张纬武．浅谈刑事诉讼法教学存在的问题与对策［J］．教育探索，2014（10）．

［4］张曙，张益南．研讨型教学方法在刑事诉讼法学教学中的运用［J］．高教论坛，2011（6）．

［5］程平．案例教学法在刑事诉讼法教学中的应用［J］．福建公安高等专科学校学

报，2007（6）．

　　[6] 丁明．互动式教学法在《刑事诉讼法》课程中的应用 [J]．教育与职业，2014
（10）．

　　[7] 王晨光．法学教育改革现状与宏观制度设计——日韩经验教训反思与中国改革
刍议 [J]．法学，2016（8）．

　　[8] 汤国基．哈佛的魅力 [J]．高教探索，1999（1）．

　　[9] 孙长永，薛竑．刑事诉讼法学精品课程教学模式改革研究——以西南政法大学
本科教学为视角 [J]．西南政法大学学报，2013（1）．

华侨大学　法学院

英语专业社会语言学
课程教学预设模式研究

阎　喜

摘　要： 任何一本教材都不能完全满足不同学习者的需求，所以有必要在选用教材的基础上，通过编写讲义和选择阅读材料来满足不同学习者的需求。阐述为英语专业本科生开设的社会语言学课程所采用的教学预设模式，即"教材＋讲义＋阅读材料"的备课方式，探讨运用这一模式需要注意的一些问题。

关键词： 社会语言学课程；教学预设模式；教材＋讲义＋阅读材料

一、引言

张绍杰指出"教材是教学内容的载体，是各类课程通过课堂教学有效实施的主要依据，也是学习者获取知识的主要来源"（2015：3）。但是，任何一本教材都不能完全满足不同学习者的需求，所以有必要在选用教材的基础上，通过编写讲义和选择阅读材料来满足不同学习者的需求。以往的研究大多关注教材的编写（张美芳，2001；文秋芳，2002；陶友兰，2013），而较少关注讲义的编写和阅读材料的选择。本文介绍了笔者为本科生开设的社会语言学课程所采用的教学预设模式，即"教材＋讲义＋阅读材料"的备课方式，并探讨了运用这一模式需要注意的一些问题。

二、"教材＋讲义＋阅读材料"的备课方式

社会语言学课程是为英语系本科高年级学生开设的一门选修课，属于英语专业知识课程，旨在通过向学生介绍社会语言学的基本概念和理论，展示语言与社会的复杂关系，揭示影响社会语言现象的深层因素，提高学生的语言意识；通过对有关中国社会语言学研究文献阅读，培养和提高学生学术英语阅读和写作以及社会语言学研究的能力。在这门课程中坚持"教材＋讲义＋阅读材料"的备课方式，教学效果良好。现介绍如下。

在教材方面，近十年内中国出版了不少适合英语专业学生使用的社会语言学教材，例如侯旭（2010）编写的《社会语言学》，谢徐萍（2010）编写的《社会语言学与英语学习》以及陈建平（2011）编写的《语言与社会》等。考虑到国内教材在内容和语言方面与国外教材存在一定差距，而且英语专业学生应该多阅读英文原版教材，这样对他们的英语学习和社会语言学学习都有益处，所以本课程在教材方面使用的是外语教学与研究出版社原版引进的 Florian Coulmas 编写的《社会语言学：说话者如何作出选择》（*Sociolinguistics：The Study of Speakers' Choice*）。这本教材具有主题明确、多元视角、便利教学等多个优点，从学生的反馈中也可以看出学生比较喜欢这本教材。

英文原版教材并不能完全适应本科生的需求，因此有必要编写讲义和选择阅读材料。笔者根据国内外出版的一些社会语言学教材编写了自己的讲义。讲义每一章的基本结构是中国的语言生活、本章要点、本章主要内容和思考题四个部分。以"性别与身份认同"这一章的讲义为例，"中国的语言生活"介绍了中国语言生活中与性别有关的两个社会语言现象：第三人称代词"她"的发明与认同，湖南江永县的"女书"现象（见表1）。"本章要点"简要列出四个要点：互动中的性别差异，语言编码性别，性别与语言变化，

身份认同与实践。"本章主要内容"以提纲的形式归纳总结了语言与性别这一研究领域的关键术语、概念以及热门研究领域等。"思考题"部分设置了一道思考题让学生思考性别在汉语中是如何表现出来的，以及英汉性别语言的差异。讲义中还附上相关的中英文文章或书籍，这样感兴趣的学生可以直接去图书馆或网上查阅相关文章或书籍。

表1　"性别与身份认同"一章的"中国的语言生活"

中国的语言生活

*"她"消失在"他"背后

　　中国的文言中，第三人称代词多用"伊"或"他"字，其中并没有男女性别区分。在"五四"新文化运动之前，"他"字兼称男性、女性以及一切事物。"五四"新文化运动时，一切旧的观念甚至语言，都受到全面的重新估价。女性的第三人称，先前由"他"字表示，但终嫌笼统，后刘半农主张造一个"她"字，来承担表示女性第三人称的任务，终于使"他"和"她"在第三人称的所指上处于平等的地位。

　　1878年，郭赞生译《文法初阶》一书最早以"他、伊、彼"正规对应"he, she, it"。

　　1917年，刘半农在《新青年》编辑同人内部最早提议创用"她"字，但并不是最早实践者。1920年他发表《"她"字问题》一文，系统讨论这一问题。

　　1918年，周作人最早在《新青年》杂志上公开谈论"她"字问题，同时提出仿日文"彼女"，造出一个"她_女_"，并率先在译文中加以运用。后叶圣陶等人也追随他在创作中使用"她_女_"。

　　1919年2月，《新青年》上发表《英文"SHE"字译法之商榷》，钱玄同提出造出一个"女它"字。

　　1919年5月20日，两个最早正式启用的"她"字，出现在康白情的《北京学生界男女交际之先声》（载《晨报》1919年5月20日）一文中。

　　1933年，陈寅恪在《学衡》杂志第79期发表《与刘文典教授论国文试题书》，公开反对"她"字，且终其一生未见使用该字。

　　1943年，周瘦鹃长期反对"她"字，使用"伊"字，但最终于1943年公开宣布向"她"投降。

参考文献：

黄兴涛：《"她"字的文化史：女性新代词的发明与认同研究》。福州：福建教育出版社，2009年。

Ettner, C. (2002). In Chinese, men and women are equal—or—women and men are equal? In M. Hellinger & H. Bussmann (Eds.), *Gender across languages: The linguistic representation of women and men* (pp. 29–55). Amsterdam: John Benjamins.

续表

> *** 女书，国家级非物质文化遗产**
>
> 女书是很久以来流传在湖南江永县东北部上江圩镇，以及毗邻的道县田广洞村等潇水流域村落的一种妇女专用文字。女书是目前世界上唯一的一套系统的女性专用文字。在当地一语二文，男人用男字（方块汉字），女人用女字。女书字符为斜体，是方块汉字在传播中的一种变异形态。女书是一种音符字音节表音文字，既区别于日本假名字母音节文字，也区别于汉字的语素音节文字。
>
> 1982 年，武汉大学宫哲兵教授在湖南省江永县发现女书。1983 年，江永发现女书的消息向全世界公布后，引起轰动。海内外专家学者纷纷深入江永考察、学习、发掘。近年来，永州积极实施抢救和保护女书文化工程，通过兴建女书文化村，建立女书博物馆，组织开发女书工艺品，发展女书文化产业，使女书文化薪火相传，发扬光大。
>
> 充满神秘色彩的女书最后一位自然传人阳焕宜 2004 年 9 月 20 日在湖南江永县的家中去世。阳焕宜老人是伴随女书成长的唯一健在的女性。老人的谢世，意味着当地妇女之间用女书这种独特的方式来分享感情、闲聊家常和交流生活经验的传统已经消失。现在，老人的后辈包括孙女们，对女书大多已经十分陌生了。
>
> **参考文献：**
>
> 赵丽明：《中国女书合集》。北京：中华书局，2005 年。
>
> Zhao, L. - M. (1998). Nüshu: Chinese women's characters. *International Journal of the Sociology of Language*, 129, 127 – 137.

　　讲义的编写是一个动态的过程，在每一轮教学中需要根据国内外社会语言学最新研究及时更新相关内容。以"语言与社会"这一章的讲义为例，原来"中国的语言生活"只是以付义荣对安徽傅村的父亲称谓的变化为例来说明语言与社会的复杂关系，后来笔者注意到郭胜春对广州话父母称谓变化的研究，所以也把这一研究加入"中国的语言生活"（见表2），从农村和城市两个角度更为全面地展示语言与社会的复杂关系。

表2 "语言与社会"一章的"中国的语言生活"

> **中国的语言生活**
>
> *** 傅村父亲称谓（"大大""阿爷""爸爸"）的变化历程：**
>
> 　　1. 20 世纪 50 年代及其以前，极少甚至无人使用"爸爸"；
>
> 　　2. 20 世纪 60—70 年代，"爸爸"使用者有所增多；
>
> 　　3. 20 世纪 80 年代，"爸爸"使用者迅速增多；
>
> 　　4. 20 世纪 90 年代至今，"爸爸"已成为新生代绝大多数人使用的父亲称谓。

我的父亲共有弟兄三人，他排行老二，我称呼我的父亲为"阿爷"，称呼我父亲的弟弟为"三爷"。然而，随着傅村父亲称谓的"爸爸"化，用"阿爷"指称父亲的功能开始弱化，甚至1990年后的傅村人不再有人用"阿爷"来称呼自己的父亲。但是，"阿爷"并未就此退出傅村的亲属称谓系统，如我的侄女（1995年出生）现在不是称呼我为"二爷"或"小阿爷"，而是"阿爷"，因此，傅村方言中的"阿爷"正在发生词义的转移：由"父亲"转向"父亲的弟弟"。

参考文献：

付义荣：《言语社区和语言变化研究：基于安徽傅村的社会语言学调查》。北京：北京大学出版社，2011年。

* 广州话父母称谓的竞争与变异

广州青年人用"爸爸""妈妈"来称呼父母的频率远高于老年人；传统称谓"老胡"依然风头不减，"阿爸"滑落边缘，"阿妈"也由鼎盛开始出现下滑趋势。"爹地""妈咪"作为近30年里新出现的变式，受到年轻人的欢迎；对父母采用"偏称"的地方民俗已退出社会舞台。

参考文献：

郭胜春：广州话父母称谓使用情况调查，《中国语言战略》，2016年第2期，第43—50页。

讲义编写需要根据学生的特点来编写。华侨大学福建生源较多，而且境外生也较多。根据这一特点，在讲义编写中适当增加一些有关福建、港澳台地区以及其他国家华人的语言生活情况的介绍。例如在"语言的传播、转用、维持和死亡"一章的讲义中，"中国的语言生活"这一部分不仅介绍了泉州的语言生活，还介绍了香港的语言转用现象（见表3）。这样编写的目的是为了尽可能让学生意识到他们身边丰富多彩的社会语言现象，并对这些现象产生兴趣。

表3　"语言的传播、转用、维持和死亡"一章的"中国的语言生活"

中国的语言生活

* 泉州：游汝杰、邹嘉彦

闽南地区当今的强势方言是厦门话，但是在150年前却是泉州话。泉州是厦门地区开发最早的地方，唐开元时人口已有5万多户，隋唐后成为全国重要海路对外交通中心之一。清嘉庆年间出版的《汇音妙悟》就是以泉州音为标准的。漳州话在闽南的地位，曾因漳州月港成为闽南外贸中心，一度有所提高，但到清末仍未能取代泉州话的强势地位。鸦片战争后厦门成为对外通商口岸，它在闽南的地位急剧上升。厦门话也因语言的文化和经济竞争力大为增强，而取代泉州话，成为闽南地区的强势方言。

续表

参考文献:

游汝杰、邹嘉彦:《社会语言学教程》(第二版)。上海:复旦大学出版社,2009 年。

***香港: 邹嘉彦、苏咏昌、刘镇发、张振江**

香港在 20 世纪 70 年代初仍然是一个多方言共存的社会。除了英语和国语以外,在香港和内地分隔的头二十年间,非广府话方言严重萎缩,在头十年减得最急速的是四邑话和福佬话(包括潮州话和闽南话)。在第二个十年中,四邑话人口继续高速流失,而上海话、客家话也不能幸免,但福佬话的跌势反而缓和。在以后的统计中,更显示出除了闽南话人口开始稳定以外,其他方言均稳步下跌。

参考文献:

Detaramani, C., & Lock, G. (2003). Multilingualism in decline: Language repertoire, use and shift in two Hong Kong Indian communities. *Journal of Multilingual and Multicultural Development*, 24 (4), 249 – 273.

Lau, C. F. (2005). A dialect murders another dialect: The case of Hakka in Hong Kong. *International Journal of the Sociology of Language*, 173, 23 – 35.

So, D. W. C., & Lau, C. F. (2013). Rapid large scale intra – nationality language shift in Hong Kong 1949 – 1971. *Journal of Chinese Linguistics*, 41 (1), 21 – 51.

Zhang, Z. J. (2009). *Language and Society in Early Hong Kong* (1841 – 1884). Guangzhou: Sun Yat – sen University Press.

在阅读材料方面,本课程选用国内外发表的文章,努力做到中西结合、古今结合。例如中文文章选用的是张斌华和张媛媛 2015 年在《语言文字应用》上发表的《外来务工人员子女语言使用状况研究——以东莞民办小学为例》,英文文章选用的是在国际知名语言学期刊发表的文章(见表 4)。所选用的中英文阅读材料都是有关中国的社会语言学研究。通过在课堂上引导学生阅读这些文章,一方面提高学生的学术英语阅读能力;另一方面以实例向学生展示学术英语写作应该注意的各种问题,并使学生了解中西社会语言学研究方法和论文写作方面的异同。

表4 "中国的语言与社会"课程使用的英文文章一览表

1	Cheng, K. K. Y. (2003). Language shift and language maintenance in mixed marriages: A case study of a Malaysian – Chinese family. *International Journal of the Sociology of Language*, 161, 81 – 90.
2	Casas – Tost, H., & Rovira – Esteva, S. (2009). Orientalism and occidentalism: Two forces behind the image of the Chinese language and construction of the modern standard. *Journal of Multicultural Discourses*, 4 (2), 107 – 121.
3	Li, D. C. S. (2006). Chinese as a lingua franca in Greater China. *Annual Review of Applied Linguistics*, 26, 149 – 176.
4	Erbaugh, M. S. (1995). Southern Chinese dialects as a medium for reconciliation within Greater China. *Language in Society*, 24 (1), 79 – 94.
5	Gao, X. (2012). 'Cantonese is not a dialect': Chinese netizens' defence of Cantonese as a regional lingua franca. *Journal of Multilingual and Multicultural Development*, 33 (5), 449 – 464.
6	Ng, D. F., & Zhao, J. (2015). Investigating Cantonese speakers' language attitudes in Mainland China. *Journal of Multilingual and Multicultural Development*, 36 (4), 357 – 371.
7	Wang, X. (2012). 'I'm not a qualified dialect rapper': Constructing hip – hop authenticity in China. *Sociolinguistic Studies*, 6 (2), 333 – 372.
8	Scotton, C. M., & Zhu, W. (1983). *Tongzhi* in China: Language change and its conversational consequences. *Language in Society*, 12 (4), 477 – 494.
9	Scotton, C. M., & Zhu, W. (1984). The multiple meanings of shi. fu, a language change in progress. *Anthropological Linguistics*, 26 (3), 326 – 344.

三、讨论与结语

上节介绍了为本科生开设的社会语言学课程所采用的教学预设模式,即"教材 + 讲义 + 阅读材料"的备课方式,本节简要讨论运用该模式需要注意的几个问题。

第一,教材的选用应该坚持国际视野。虽然近年来国内已经出版了一些中国学者编写的专门供英语专业学生使用的社会语言学教材,但是这些教材在内容和语言方面还是与国外教材存在一定差距。在教材的选用上坚持使用原版引进的教材，让学生直接阅读英文原版教材，有利于提高英语专业学生的学术英语阅读和写作水平。

第二，讲义的编写和阅读材料的选择应该考虑到学生和课程的特点，注意本地化。由于笔者所在学校福建生源和境外生比较多，所以在编写讲义的过程中有意识地增加一些关于福建省和港澳台地区的语言生活，在阅读材料的选择上也是有意识地选择中国语境下的社会语言学研究，这样易于吸引学生的注意，提高学生对身边社会语言现象的敏感度。

第三，讲义的编写和阅读材料的选择是一个复杂的动态过程，不可能一蹴而就。在每一轮的教学中需要根据班级和课程的特点、学生的反馈以及所在领域最新的研究成果，及时对使用的讲义和阅读材料进行更新。这样既有利于帮助学生全面了解该课程研究领域发展的前沿动态，也有利于教师自身的专业发展。

【参考文献】

[1] Coulmas，F. *Sociolinguistics*：*The Study of Speaker's Choices* [M]．Beijing：Foreign Language Teaching and Research Press，2010.

[2] 陈建平．语言与社会 [M]．北京：高等教育出版社，2011.

[3] 侯旭．社会语言学 [M]．南京：东南大学出版社，2010.

[4] 陶友兰．我国翻译专业教材建设：理论构建与对策研究 [M]．上海：上海外语教育出版社，2013.

[5] 文秋芳．编写英语专业教材的重要原则 [J]．外语界，2002（1）：17—21.

[6] 谢徐萍．社会语言学与英语学习 [M]．南京：东南大学出版社，2010.

[7] 张美芳．中国英汉翻译教材研究（1949—1998）[M]．上海：上海外语教育出版社，2001.

[8] 张绍杰．中国外语教育传统历时调查研究：传统梳理与现实反思 [M]．北京：高等教育出版社，2015.

华侨大学　外国语学院

高校新诗教育与教学改革路径探究

钱韧韧

摘　要： 新世纪背景下的新诗教育和课程教学面临着新的挑战与机遇。需要进行新诗教育思维的转变，重视新诗选篇的设置、优质教材的甄别和教师专业素养的提升。可将知识教育和审美教育相结合，尝试采用知识导引法、文本细读法、小组讨论法、阅读写作法等多元化的新诗教学方法。新诗教育的制度建设应考虑新诗教育的阶段性和针对性，将精英式新诗教育与普及型文化教育相结合，为各种新诗活动的开展，提供一定的制度支撑和资金支持。

关键词： 新诗教育；新诗教学；文本细读；潜在课堂

在知识传播多元化、整体化的新世纪时代，新诗教育是高校文学教育不可或缺的一部分，新诗教学是人文素质教育课程体系中的重要组成部分。因为文学教育是学生学习母语的重要方式，新诗更是用当下较优美的本民族语言创作而成。昌耀曾引用美国诗人约瑟夫·布罗茨基的话谈道："作为人类语言的最高级形式，诗不仅是表述人类经验的最简洁的方式，而且它还为任何语言活动尤其是书面语言提供最高的标准。"[1] 在耶鲁和哈佛的通识课表上，可以看到关于弥尔顿、但丁的现代诗歌课程。中国一些高校，如武汉大学、首都师范大学、福建师范大学等也先后开出了相关新诗课程。新诗教育在高校学生人文素质教育中起到重要作用。诗歌具有美育功用和陶冶性情的效用，如蔡元培所说："美育者，运用美学之理论于教育，以陶冶情感为目的者也。"[2]新诗教学能够培养学生的想象力和创造力，提升人文素养和审美能力，形成健全的人格精神。新诗教育也是诗性生命教育和人文教育的一部分，对当代多元文化的建构具有重要意义。然而当下的新诗教育与教学也出现了一些问题，如新诗文本解读思维僵化、新诗选篇相对陈旧、读者对新诗认可程度不高、知识演绎与审美教育偏离、新诗教育教学方法相对落后、新诗教育制度建设还不完善等问题亟待解决。

一、新诗教育思维的转变和新诗教学选篇的设置

新诗教育需要转变思维模式，不能以其他文体或古诗的教育模式来教授新诗。以小说、散文等文体如主题思想、段落大意、道德说教等方面的讲授方式显然不能较好地阐释诗歌的文体功能。20 世纪 30 年代中期，金克木指出用理解散文的思维无法准确理解现代诗，"几乎所有情绪微妙思想深刻的诗都不可懂，因为既然不用散文的铺排说明而用艺术的诗的表现，就根本拒绝了散文的教师式的讲解。"[3]新诗解读需要文体识别能力，通过语言、意象、诗体、结构、节奏、抒情和叙事方式等诸多因素来分析。同时要重视讲授的主体性，以诗的思维术进入诗的诗意品质、审美范式、精神光华，而非陷入纯粹知识的牢笼。穆木天曾提出"我希望中国作诗的青年，得先找一种诗的思维术，一个诗的逻辑学。（作诗的人，找诗的思想时，得用诗的思想方法。）直接用诗的思考法去思想，直接用诗的旋律的文字写出来：这是直接作诗的方法。"[4]诗歌教育也需运用"诗的逻辑"，去分析文句、结构，甚至那些超越文法的组织形式。新诗教育不能陷入与古诗教育的雷同。新诗在语言、诗体、语境和运思方式都发生了较大变化。以古诗的阅读经验，如格律、用典、对仗等来阐释新诗，常会造成误读和歧解。新诗写作是为适应现代人的情感、思想表达需要，来呈现新的诗性经验和诗意生命。北岛、顾城等人就是从旧体进入新诗的。因此，需要从新诗思维、形式及意蕴等诸多方

面重新审视新诗的教育与教学改革。

新诗教学需重视新诗选篇和优质教材的甄别。由于新诗写作精英与通俗并存、新诗文本或曲高和寡或通俗平庸，容易形成读者对新诗的偏见，如新诗难懂，诗人装腔作势、玩文字游戏等，对新诗写作的难度缺乏有效认知。而新诗作者及作品普及度较低，也严重影响了新诗教育和教学的专业性。因此，新诗选篇首先要重视新诗发展的连贯性和整体性。这涉及新诗选篇的标准问题，需要兼顾诗歌文本的文学史价值与审美价值，选择的新诗文本需要既具有经典性，又尽量反映诗歌史的排序。如不忽略初期白话诗在新诗发生期的重要作用等。其次，新诗选篇需要注意教育的阶段性，能够满足不同年龄阶段、不同阅读场地的学生阅读需要。如本科阶段的诗歌选篇应尽量避免与初、高中阶段的雷同。钱理群、洪子诚主编的《诗歌读本》，分学前卷、小学卷、初中卷、高中卷、大学卷、老人儿童合卷，便具有针对性。同时，需要将课堂教学与课外阅读相区别，既对课堂新诗文本进行精读，由易到难，选材长短需视教学要求而定，又要进行课外阅读视野的拓展，不仅推介诗人的其他诗作，也需涉及相关古今中外诗人的诗作。再次，新诗选篇要具备新颖性，及时融入新诗写作和研究的最新成果，包括大陆、港台、海外华人诗歌等。如胡适、郭沫若、徐志摩、戴望舒、冯至、艾青、穆旦、北岛、顾城、舒婷、欧阳江河、王家新、海子、王小妮、余光中、郑愁予、张错等人的代表诗作均应列入高校新诗教学的素材，且兼顾诗歌史与经典性的统一。课外阅读也可扩展到相关古今中外诗人，如对李商隐、陶渊明、惠特曼、里尔克、帕斯捷尔纳克、闻一多、韩东、翟永明、张枣等人诗作的延伸阅读。

对新诗文本的解读是新诗教育中的重要环节，需要专门的诗歌教材，并附录相关的知识赏析短文，包含对新诗文本意义的权威解读，可借鉴学界的相关研究成果。20世纪三四十年代，废名、李健吾、朱光潜、朱自清等人便开始了专业解读新诗的实践。1987年，孙玉石在《重建中国现代解诗学》一文提出现代解诗学的三大理论内涵："1. 解诗学是对作品本体复杂性的超越。2. 解诗学是对作品本体审美性的再造。3. 解诗学是对作品本体理解歧义性的互补。"指出"解诗学要协调作者、作品、读者的公共关系的原则：第一，正确理解作品的复义性应以本文内涵的客观包容性为前提。第二，理解作品的内涵必须正确把握作者传达语言的逻辑性。第三，理解或批评者的主体的创造性不能完全脱离作者意图的制约性。"[5]并在《中国现代解诗学的理论与实践》一书中系统梳理了一些现代诗人诗论家的解诗理论与实践，为重建中国现代解诗学储备资源。还在其主编的《中国现代诗导读（1917—1938）》中，提出三大解诗方法，即悟性、智慧和想象，要尊重中国新诗艺术发展规律，走中西融合的解诗之路。此外，洪子诚主编的《在北大课堂读诗》、陈仲义的《百年新诗百种解读》等均是意义不凡的尝试。英美"新批评"的"细读法"也是现代较有广泛影响的解诗方法。美国"新批评"派代表人物克林斯·布鲁克斯在《精致的瓮：诗歌结构研究》和《理解诗歌》（与罗伯特·潘·沃伦合著）借助具体诗歌实例，强调了文学批评中文本的独特性和重要性，并设定诗歌教材，目的是教学生学会"读诗"。这些著作及解诗的方法对新诗的教育教学有重要的参考价值。

新诗教育思维方式的转变和教材的设置，离不开教师的专业素养。新诗教育者不仅需要专业的文学史、文学理论素养，还需古典文学、外国文学相关知识的积累，有新诗教学的专业技能，最好还具备朗诵、创作和参与诗歌现场的相关经验。胡适、郭沫若、康白情、朱自清、闻一多、穆木天、王独清、戴望舒、梁宗岱、废名、艾青、胡风、田间、袁可嘉等，既是现代诗论家也是卓有成就的诗人。他们具有特定历史场域下见证新诗发展的特殊经历。同时，新诗教育者还需具有责任感。叶嘉莹回忆顾随讲诗词："往往旁征博引，兴会淋漓，那真是一片神行。"[6]新诗教学也需要教师的审美经验和知识技能的结合。新诗教育是遴选新诗经典，创制民族文化记忆的重要手段，通过现代教育手段让学生"实现了自我精神的成长，也即人的成长"，教师"自身内在的创造力与生命力也得到激发"[7]。师生间的教学相长，对于教师素质的提高和新诗教育的发展具有重要作用。

二、新诗教育方式的革新和新诗教学方法的多元化

传统的新诗教育过多强调工具性、实用性的知识传授。一方面，字、句、

韵等文学常识及思想教育意义的讲解使传统课堂过多沦于"填鸭式"的教学模式；另一方面，以较多的理性认知来取代情感体验和审美愉悦，也会在一定程度上削弱学生的阅读兴趣，背离新诗教育的初衷。因此，要革新传统的教育方式，重视新诗的细读、感悟和审美体验。当然，这并非意味着新诗教育就要抛开知识教学，仅仅倾向于生命教育、情感教育和审美教育，否则就陷入了对新诗的纯粹印象式解读。新诗教育需要将知识教育和审美教育相结合，既用历史的、理性的讲授方式将新诗（包括新诗史和现代诗论）作为一种学问、知识进行传授，又要让学生感受到新诗之美、智性之思与精神内涵。当然，新诗教育也不能理念先行，要贴合新诗文本有效地引入观念、知识和相关理论，入乎其内，出乎其外。

新世纪背景下的新诗教学方法应具多元化。可运用知识导引法、文本细读法、小组讨论法、朗诵写作法等多种方式来丰富新诗教育的多重路径。所谓知识导引法，并非新诗相关理论知识的直接宣讲，而是教师引导和学生主动探求相结合，使学生既具备理性分析文本的技能，获得相关的知识材料，又能感受到相应的审美趣味。知识导引法重视新诗发展史、诗学理论及诗人流派、历史语境等相关理性知识的获取。"解读一首诗歌的关键在于如何将掌握的历史、文化和社会知识填充在诗歌跳跃的空隙中，连缀起诗歌表面形成的思维片段，将孤立的诗歌作品同外部广阔的历史、文化和社会结合成一个整体，这样才能深入理解诗歌的丰富内涵。"[8]因此，需要将新诗细读和新诗史相结合，使文本分析更加厚重和充满质感，形成文本和历史的交互辉映。应理解新诗文本产生的历史语境，具备清晰辩证的历史观，兼顾审美标准和历史视角。如理解初期白话诗，如胡适的《蝴蝶》、刘半农的《相隔一层纸》和康白情的《草儿在前》等，需考虑当时的诗体革命语境，理解"第三代"诗歌及新世纪出现的"梨花体""羊羔体"等诗歌，需考虑历史文化背景，不能仅仅进行单向度的意义审视，否则就容易陷入理解的褊狭。对诗人流派、诗人诗论、诗人相关资料也应有所涉及。理解诗人的生平背景、创作观念、写作意图、文化修养、诗作趣闻和交游逸事等，有助于"知人论世"和"细读法"的有效结合。当然这些知识的导引不能是生硬的条分缕析的介绍，而应针对学生特点，或放映相关音频、视频资料，辅助多媒体教学，或将诗人经历讲述与文本分析相结合，或讲出新意，培养学生开阔的视野、良好的趣味和正确的判断力。

文本细读法，来自英美新批评法。新批评的一个鲜明特点便是实证主义，即在文本语义分析过程中渗透了强烈的逻辑实证色彩，这使得批评看上去客观严谨，经得起验证[9]。文本细读法需注意新诗的文本结构层和美学意蕴层。前者可从语言、诗体、技艺、构思、意象、节奏等方面进行考察。新诗语言与日常语言不同，提升了现代白话的表现力和内涵承载量，可从语义学、修辞学的角度来解读，或限定、用典，或运用比喻、夸张、象征、借代等修辞手法，或变换词、句、篇、句法与章法的组合，以其凝练性、跳跃性等特点形成新诗语言的张力。新诗的分行、分节、诗体形式也可在文本的互动与例证中探寻诗文体的突出特征。新诗的技巧，可从想象、暗示、叙事、蒙太奇、戏剧化等方面考察。也可结合其单向思维、逆向思维、发散思维、聚合思维、迂回思维等构思方式来把握新诗。"优秀的诗人，总是在生活的广袤原野上和主观感受的浩瀚天地里捕捉美的意象，给读者以思想启示和审美感受。"[10]因此需要把握新诗的意象特征，注意其新颖性与创造性，及营造意境的重要作用。新诗的节奏韵律问题，可结合相关的诗学理论和文本节奏特征细致分析，以形成对新诗的理性认知和专业阅读能力。当然对新诗文本的解读不能仅仅停留在文本结构层，还需要注意新诗的情感思想、意境生成、情韵气势、审美追求和艺术风格等，将读者的感悟引向美学、哲学等更深层次。这是对文学素养和审美能力的提升，需要将新诗解读的历史性、科学性和审美性相结合。因为新诗不是纯粹的匠器，对文本的解读不能完全依赖于语言文字，需要在自由兴发的状态中去涵咏徘徊、感受境界、咂摸意味，同时也不能取消深度。对审美意蕴的把握，需与对文本结构层的探究结合起来，共同构成对新诗文本的深入解读。

小组讨论法，可参照建构主义理论，让学生结合自身的阅读经验、情感及人生经历，在互动交流中主动建构知识，获得对新诗更全面和丰富的理解。这离不开教师的导引之法。朱光潜讲小泉八云的批评时说："所谓'导解'

是把一种作品的精髓神韵宣泄出来，引导你自己去欣赏"[11]。新诗因具有某种程度的陌生化语言、内倾式表达方式、主题多义性等特点，更需要教师的导引。这需要建立在对诗人的生命体验、创作经历、写作技巧及相关现代学科知识的理解上。教师可进行由易到难、循序渐进的问题设置，调动审美期待，引导学生以平等心态进入新诗。如讲授郭沫若《凤凰涅槃》时，可不着急分析诗歌，先让学生自由发言，讨论"凤凰涅槃"的起源，并询问答案出处，然后转入郭诗的学习。教师的审美引导，提倡以问答、讨论或争辩的方式刺激学生的独立思考，使认知逐渐深入，从推导暗示中得出结论。可让班级学生分组合作，提前布置问题或任务，搜集作者生平、社会背景等相关资料，上传至班级邮箱或 QQ 群文件共享。也可指定诗人，让学习小组推荐代表在课前上台讲解，并回答教师提出的相关问题，之后进行点评、补充、深化。在讨论过程中，可鼓励学生通过各种朗读、表演和解读方式，对诗的主题、情感、思想、意蕴进行整体的审美判断。在讨论时需理解现代诗人的人格和心灵历程。新诗袒露了现代知识分子感受世界的切身性、现场性、敏锐性和思想性，理解诗人的感性形象、个体价值和现代情绪，也能更全面地理解新诗情感思想的表达等。此外，还可进行新诗文本的古今比较、中西比较或近似主题诗歌的比较阅读。如讲授戴望舒《雨巷》、何其芳《预言》等诗歌时，可结合古典诗歌的丁香意象、西方诗歌瓦雷里的《水仙辞》来比较。可分析郭沫若《天狗》与穆旦的《我》的诗思方式、主体形象、内在意蕴和外部影响的异同。还可以篇带史，或引出专题，以讨论或讲座的方式，拓展学生的阅读视野。此外，指导学生下载期刊论文，或续写诗歌等，进行资料共享，方便师生交流。新诗教学中需注意教给学生解读新诗的方法，以及梳理、思考问题的方式，如不迷信"作者死了"的封闭结构，不盲目读者接受理论，不拘泥于固定的阅读程序，应广泛结合相关学界成果进行新诗文本细读等。

朗读写作法，即通过朗读和创作的方式，增加对新诗文本的深入理解。朗诵有助于领悟诗人的构思方式、诗歌的主题、节奏、语言等，使对新诗文本的理解更加丰富化和立体化，形成真切的情感和思想共鸣，也可活跃课堂氛围，提高鉴赏能力。其前提是对诗人创作心境、文本意义等相关知识的掌握，从文本自身、历史评价、切身感受中来透视诗作的价值。具体方式有范读、配乐读、分角色读、对比读、联想读，或小组内自由朗读、边赏边读、交流朗读、创意朗读、方言朗读等，甚至可举行诗朗诵比赛，以扩大新诗阅读量。教师应对学生朗诵进行点评，指出优缺点，也可示范朗诵，甚至延伸至新诗史中的价值评判。同时，可遴选历年央视清明诗会、中秋诗会、新年新诗会等新诗朗诵视频，组织学生观摩、领会专业朗诵者的配乐选择、语气吞吐、轻重缓急、抑扬顿挫、语调和手势的配合，如耸肩、挥动手臂、瞪眼等朗诵技巧，以增强对诗歌的重构和个人的丰富理解。朱自清解诗时看重朱熹的经验："朱子说'晓得文义是一重'，识得意思好处是一重。"[12]这些都离不开朗诵和写作能力的培养。朱自清讲授诗歌时，也兼诗歌创作。他注意词语的意义、句节的安排，诗行的长短衔接，以创作和教育兼行者的身份，以身示范，赢得了诸多赞誉。教学中的诗歌写作练习可进行关键词替换写作、新诗仿写、新诗改写，或另写他诗，可从简到繁、由浅入深，由模仿练习到最后的独创性写作。课堂即兴创作新诗，可择选优秀诗作或普遍存在的问题让学生探讨评价、指出优缺点，在学习中领会相关的理论知识和写作技巧。

三、新诗教育的制度建设和新诗潜在课程的开放性

新诗教育的制度支撑需要考虑社会、政治、经济、文化和教育体制等层面，教材、学生和教师等因素也需涉及。有效的制度支撑有利于营造新诗教育良好的人文氛围，形成合理健康的艺术格局。加强新诗教育的制度建设首先需要考虑新诗教育的阶段性和针对性，使其呈现立体形式的展开。如小学阶段，可多读新诗，背诵积累，进行童诗写作，北岛所编《给孩子的诗》可作为启蒙读物。初中阶段应侧重阅读量的扩展，以及对诗歌的深入理解，唤起美感与灵性。高中解读可增加相关新诗创作与鉴赏的知识。本科阶段可将

知识传授、理论梳理和审美教育相结合，针对不同的学科专业进行课程设置。如中文系可增多诗歌课程。系统的新诗史讲授，注重史的脉络、新诗的文体特征，以及诗歌阐释的文化、社会学、心理学因素。与洪子诚的《中国当代新诗史》、程光炜的《中国当代诗歌史》等当代诗歌史教材相比，现代诗歌史教材略显薄弱，急需相应教材的编纂。还应重视以现代诗论、流派史、诗歌思潮等专题研究和知识演绎的方式讲授新诗。涉及课程可包括现当代诗歌、现代诗歌理论与批评、新诗鉴赏与写作、诗歌美学甚至中国古代诗歌、外国诗歌、台湾诗歌等课程。还可适当增加诗歌课程在新闻、外文、艺术等专业课程体系中的比重。考虑在全校范围内开设新诗鉴赏通识教育课，针对不同专业的学生，弱化新诗史和理论知识，强化对代表性诗人诗作的解读，以对当下普遍存在的重视专业素质、弱化文化教育等弊端形成纠偏。中国一些高校也加强了研究生新诗理论知识的教学与研究。在高校普遍开设具有针对性的新诗课程，具有一定的合理性与必要性，有助于高校审美文化教育的完整性。

其次，需要重视精英式新诗教育，重视高校课堂教学、科研机构和潜在课堂的设置。政府和教育机构可充分利用高校的教学资源和人文环境，使大学成为培养当代诗人与新诗研究者的摇篮。为高校里的新诗研究中心和研究所、新诗教育与教学研究中心、高校文学社团提供一定的制度支撑、智力增援和资金支持，以推动新诗精英教育的广泛开展。可增加潜在课程的设置，将新诗教育以润物细无声的方式，将有关审美的、道德的、政治的知识与经验渗透到人、事、物及活动中，让学生感受到新诗审美的愉悦与亢奋。可利用 QQ 群、微信群、微信公众号或博客、社团网站等新媒体形式，与学生在课余时间沟通交流，收集学生的反馈信息，或分享优秀诗作和精彩诗论，或鼓励学生在"群"中各抒己见、"秀"出自我。可在线开设"新诗习作""新诗鉴赏"等专栏，让学生欣赏、评析习作，取长补短，也可介绍自身的新诗写作经历。这种现代网络远程教育与教学的方式，正是潜在课堂开设的途径之一。此外，还可通过诗歌节、诗刊、诗社、诗会等形式来增加学生对新诗的了解和兴趣。如开展诗歌朗诵、诗歌表演、诗剧编排、创作研讨、座谈演讲等系列活动。邀请本地或外地诗人走进校园参加诗歌节，开设诗歌讲座，形成学者、诗人和读者的互动交流，或与学生出游、组织读诗会，或由本校新诗教师筹备开设诗歌讲座。临近清明节、端午节、中秋节、情人节、万圣节、圣诞节等中西传统节日的时候，可安排相关的诗歌活动，增强新诗学习的趣味性，弘扬人文精神等。

同时，还需将精英式新诗教育与普及型文化教育相结合，将新诗教学与教育活动从高校扩展到全社会。如定期举办地方性或全民性的诗歌文化艺术节和大型诗会等，让新诗回到民间和大众中去，让社会各阶层人物都能享受到新诗教育与学习的权利。在中小学可设立新诗创作基地，适当增多新诗学习的篇幅和教学课时量，分层次展开新诗写作培训。政府可鼓励对语文教师的新诗教学培训，组织编排语文教材中的新诗选篇，在各阶段模拟考试、课业考试，甚至中考、高考中安排相应的诗歌知识、鉴赏和写作内容的考核。同时，政府可设立相关的诗歌创作基金和诗歌活动举办基金，用以支持和奖励诗歌创作、诗歌理论和知识教学人才，资助一些作家班或诗人班的开办、诗歌刊物的出版发行等活动。林喜杰认为："现代体制之下社会的原子化、文化的观念化与教育的标准化（normalization）使得诗歌教育发生了本质性的改变：在个体与诗歌之间，失去了人的天生诗性，而必须经过体制力量的中介与协调，诗歌自身也就是在这样的规范系统中被细化为一种现代知识形态。"[13] 只有将新诗精英教育与新诗普及教育相结合，增加潜在课程的设置，与高校的课堂教学、新诗教育制度的完善发展相辅相成，才能更优质地实现新诗教育与教学全方位拓展。

新世纪的新诗教育与教学虽然面临着诸多问题，"接近诗歌是一件危险的事情。但不去接近诗歌却更为危险。"因为"诗更先描述出一种比人的存在更伟大、尊严、高贵的存在。"[14] 然而，青少年学生拥有对凡俗世界和庸常现实的一种先天的超越与叛逆精神，在一定程度上，诗歌与他们、甚至人生各个阶段的精神需求都存在一种呼应。在生命的诸多时刻，如果缺乏审美眼光和人文关怀，生活的趣味将有所减少。因此，需要提倡审美教育、人文教育和艺术分享相结合的新诗教学，让读者感受到新诗自由、想象、创造的艺术精神，新的艺术思维方式和美学形态的表现。当然，搞好新诗教学的关键是要懂诗、爱诗。不懂诗，只是在教学方法上弄些花样，只会流于形式。我们的心中有了这种爱，诗歌就会走向我们。诗歌就会通过我们而歌唱。在这种意义上，诗歌教学不是"教学"，而是一种"分享"[15]。新诗教育者需要在教育教学改革中探得路径，在方法、生命体验和历史维度中薪火相传。

 【参考文献】

[1] 昌耀. 请将诗艺看作一种素质［A］. 昌耀诗文总集［C］. 西宁：青海人民出版社，2000：766.

[2] 蔡元培. 蔡元培美学论文选［C］. 北京：北京大学出版社，1983：174.

[3] 金克木. 论中国新诗的新途径［A］. 杨匡汉，刘福春，编. 中国现代诗论（上）［C］，广州：花城出版社，1985：262.

[4] 穆木天. 谭诗——给沫若的一封信［A］. 杨匡汉，刘福春，编. 中国现代诗论［C］. 广州：花城出版社，1985：101.

[5] 孙玉石. 重建中国现代解诗学［J］. 中国现代文学研究丛刊，1987（2）：107—117.

[6] 叶嘉莹. 红蕖留梦［M］. 北京：三联书店，2013：65.

[7] 钱理群. 语文教学·门外谈［M］. 桂林：广西师范大学出版社，2003：277.

[8] 宋宝伟. 通识教育与学科素养的平衡——现代新诗教学改革研究［J］. 黑龙江高教研究，2013（8）：20.

[9] 陈本益. 论新批评受实证主义的影响及其它相关问题［J］. 东南大学学报，2002（1）：106.

[10] 吴晓. 意象符号与情感空间［M］. 北京：中国社会科学出版社，1990：19.

[11] 朱光潜. 孟实文钞［M］. 北京：中国国际广播出版社，2013：81.

[12] 朱自清. 新诗杂话［M］. 南京：江苏文艺出版社，2010：8.

[13] 林喜杰. 新诗教育：群体性解读与想象的共同体［J］. 江汉大学学报，2007

（4）：14.

　　[14] 陈超．打开诗的漂流瓶——现代诗研究 [M]．石家庄：河北教育出版社，2003：165.

　　[15] 王家新．让诗歌照亮语文教学——回答《语文建设》记者关于新诗教学的几个问题 [J]．语文建设，2008（6）：8—9.

华侨大学　文学院

本科生物工程专业
实验教学改革与实践探索

陈宏文　赵　珺　蔡婀娜　李夏兰

摘　要：围绕培养学生创新能力和实践能力的教学目标，对本科生物工程专业实验教学进行改革，在加强实验室建设、调整实验教学内容、改革实验教学方法和师资队伍建设等方面进行改革尝试和实践探索。

关键词：实验教学；专业实验；建设；改革

实验教学是工科学生重要的实践性教学环节，也是课堂教学的进一步延伸[1]。本校"生物工程专业实验"课程是配合本科"生物反应工程""生物分离工程""酶工程"及"分子生物学"等主干专业理论课程而设置。我校自1980年开办生物化学工程专业（2000年改为生物工程专业）以来，该实验课程一直采用独立开课设置，是生物工程专业的核心实验课程，已成为衡量生物工程专业本科教育水准的重要指标。在过去十多年的教学实践中，围绕着全国本科教学评估标准，我们一直在不断地完善教学内容和教学方法。随着创新型国家建设稳步推进，培养学生的创新能力和实践能力的教学目标更为突出，对生物工程专业实验教学提出了更高的要求。本文主要介绍近年来为进一步深化教学改革，从实验室建设、开发设计性综合性实验以及开放实验室等几方面所做的一些有益尝试。

一、改造实验环境，添加实验设备

我校生物工程专业学生人数从原来的 30 多人增加到目前的 60 多人，因此，在厦门新校区的规划中，学校对于生物工程专业实验室改造、实验设备添加给予了大力支持。首先，专业实验室空间增加近一倍（达到 130 多平方米，每批次单间人均面积 1.7 平方米）；房间分配、布局更加合理，新增恒温培养室、分光光度仪分析室，并配有公用灭菌间、试剂室和凝胶成像室，且主要分布在同一层楼，便于使用和管理。其次，对专业实验室的水、电、通风和实验台（柜），按照标准生物工程实验室要求进行装修和建造，满足了正常的教学使用。

实验环境改善的同时，学校还加大设备经费的投入。近年来先后投入近 200 万元用于更新实验设备。如何合理、充分地使用这些宝贵的仪器经费，专业实验室的教师们经过深入分析和慎重考虑，决定改变以往简单地将经费分散于多个验证性小实验、增加实验套数的做法，结合新增加的综合性、设计性大实验，集中经费，添置进口质量好或国产口碑好的先进设备，拓宽学生眼界、适应现代生物技术发展的需要。

先后购置了进口的 5L 全自动发酵罐、高速冷冻离心机、－70℃超低温冰箱、液相色谱仪、PCR 扩增仪、超微量核酸蛋白测定仪、Biorad 电穿孔仪等，同时购置了国产的 5L 发酵罐、低速冷冻离心机、核酸蛋白检测仪、雪花制冰机、低温冷冻柜等设备。还与上海光谱仪器有限公司一起开发了用于酶动力学分析的紫外分光光度计，在原有的使用功能基础上，增加了恒温比色皿架，设计了可进行图谱分析、打印、数据记录的专用软件。与具有同样功能的进口设备相比较，大大节省了设备购置费用，同时提升和改善了实验水平。

二、调整实验教学内容，开发设计性、综合性实验

高等教育面向 21 世纪的培养目标是"培养学生创新精神和创新能力，提

高学生综合素质"。因此，专业实验教学目标不仅要求学生掌握基本的实验技能，加深已有理论的感性认识，还必须引导学生从实践中发现问题、分析问题，并运用所积累的理论和实践知识解决问题[2-3]。在此基础上，进一步引导、鼓励学生提出新思想、新理论，设计新实验，实现新的创造。新的实验教学目标尤其突出了学生思维能力、科研能力和创新能力的培养，使学生走上工作岗位后能尽快独立开展工作，并能不断获取新知识，开创新局面。

高年级学生实验，特别是专业实验，更应注重培养学生的实验设计能力、综合应用能力和创新能力，相应的实验项目设计应是规模较大、综合性较强的项目，这也是"生物工程专业实验"教学改革的重头戏。原有实验讲义缺乏"三性"（设计性、综合性和创新性）实验，为此，删除了大部分验证性的小实验，新增加了三个综合性、设计性大实验，将学生应该掌握的基本实验技能穿插在大实验中。例如"酵母细胞固定化条件正交设计实验"，就是让学生面对细胞固定化条件如何选择的问题。教师不提供现成的实验方案，让学生自己查找实验设计的优化方法，安排多因素、多水平试验。优化方法并不拘泥于正交设计，还可以选择均匀设计、响应面设计甚至更为先进的人工智能优化等。同时，还必须掌握细胞固定化方法，了解固定化细胞用于生产的优缺点，并通过酒精发酵试验，了解生化物质的发酵过程，掌握酒精发酵过程中重要参数的控制和分析方法。

正式实验开始前，教师用一节课的时间组织学生讨论，按组分享各自的实验设计方案。尽管不是每一个实验小组都能得到最优的实验结果，但是汇总不同小组的实验数据，并对数据进行分析，学生可以找到更加优化的实验方案并加以验证。通过这个实验，学生掌握了数理统计的实验设计方法，在今后的工作中即可触类旁通，遇到类似的多因素、多水平的实际问题（如工艺条件摸索、实验配方优化等），就可以利用实验设计的方法优化，事半功倍地处理分析问题。开设这样的设计性、综合性大型实验，激发了学生的学习热情、培养了学生的主人翁意识和创新精神。

目前相关院校"生物工程专业实验"大多采用自编教材，因此如何结合实际条件、跟踪前沿科学研究、更新实验内容，是教师面临的新任务。结合教师的科研课题，尝试编写新的综合性大实验。如"细胞粗提液中多酶组分的分离纯化"这一综合性实验，就是来源于本专业教师国家基金和福建省重点基金课题项目的部分内容。本实验为学生提供了一个涉及酶工程领域较全面的实践机会，学习如何从克雷伯杆菌中提取纯化生产 1，3－丙二醇的多种关键酶。该实验总共 22 学时，包括五个分实验：1. 细胞培养与收集；2. 细胞粗提液的制备；3. 离子交换柱层析；4. 亲和层析；5. 纯化各步酶活力分析和蛋白质含量的测定。实验内容丰富、操作难度大，涉及培养基制备、灭菌、各种缓冲溶液配制、真空抽气过滤、细胞培养离心分离、超声波细胞破碎、层析柱填料装柱、关键酶的分离纯化分部收集、酶活力分析、蛋白质含量测定等操作步骤；涉及精密 pH 计、恒温摇瓶机、高速冷冻离心机、雪花制冰机、超声波细胞破碎仪、移液枪、精密电子天平、核酸蛋白检测仪、改进型紫外分光光度计等多种仪器的使用。为了高效完成实验，实验小组的每个学生积极分工协作，在教师的指导下，学习各种仪器设备的使用方法，充分调动学生学习积极性和实验参与热情，激发学生探索未知的欲望。尽管该实验步骤多，实验周期三至五天，完成实验很辛苦，但学生感到收获颇多。将最新的科研成果引入教学，拉近了教学与科研的距离，消除了学生对科研的陌生感和畏惧感，激发了学生探索科学前沿的兴趣，培养了学生的科研基本素质[4]。

随着基因工程、代谢工程以及合成生物学的深入发展，分子生物学已成为生物工程领域不可或缺的手段。在已开设的 72 学时生工实验基础上，又新增 36 学时的基因工程实验。结合科研成果，设计了基因组 DNA 的提取与琼脂糖凝胶电泳检测、PCR 体外扩增 DNA 片段、质粒 DNA 的小量提取及转化等综合性实验，完善了生物工程专业学生实验技能。目前，生物工程专业实验课程共 108 学时，其中设计性、综合性实验 82 学时，占总学时的 76%，达到本科教学评估体系对设计性、综合性实验所占比例的优秀条件要求。

三、建立开放式实验教学模式

改变以往以教师为主体的"抱着走，灌输式"的教学方法，在实验教学中，放手让学生独立进行实验，最大限度地发挥学生的积极性和创造性，建立以学生为主体，教师为主导的开放式实验教学新模式[5-6]。在教学安排上，设立了开放性实验项目，如"菠萝蛋白酶分离纯化"实验。由学生独立完成从资料查询、收集、整理，到实验材料、仪器设备的选用，实验药品、试剂的配制，再到实验中工艺流程和产品配方的确定，实验过程中遇到问题的分析和解决，直到实验结果的整理和分析等一整套内容。使学生将所学各门课程的知识和技能融会贯通并加以运用，充分锻炼学生对理论知识的综合运用能力，真正培养学生的动手动脑能力、独立工作能力和科学研究能力。开放式教学并不是放任式教学，教师认真批改每一位学生的设计报告，组织学生进行课堂讨论，实验环节进行关键步骤示范操作，回答学生实验中遇到的问题，帮助学生完善实验方案等工作。

四、形成实验室开放机制

实现开放式的实验教学，必须有开放的实验室作为基础。由于生物工程专业实验项目中设计性、综合性实验所占比例高，实验学时数多、周期长、步骤繁，而且具有连续性。如果按照常规实验安排，在固定时间内完成实验内容，那么，实验结果往往不尽如人意。为了使实验结果尽可能完美地达到预期的实验效果，给学生更多的实际操作机会，专业实验室协调管理各方，在实验时间、空间、设备、器材等方面实行全方位开放和全天候服务。在专业实验的近两个多月的时间里，学生们可以充分享受实验的便利。

在非专业实验课期间，通过建立预约制度，生物工程专业实验室还为学生参加"实验技能大赛"和"挑战杯科技创新大赛"实行全方位开放。实验室开放，提高了实验空间和仪器设备的利用率，增加学生自主学习实践的机会，也促进了实验教学人员业务水平和工作管理能力的提升。

五、加强师资建设，提高教学质量

开放实验教学并不是放任自流。因此，不论在组织教学内容、开发大型设计性综合性实验，还是大型仪器设备的购置、使用、管理维护以及实验室建设等方面，对实验教师都提出了新的要求。目前，本专业一部分实验教师在职攻读博士并获得学位，部分教师已通过大型仪器正规操作培训，也有博士毕业生不断补充到实验教师队伍中来。同时，组织教研组的年轻教师到厦门大学生命科学院学习取经，并了解大型仪器设备购置、使用及现代化实验室建设等情况。邀请学科带头人参与实验教学改革、实验室建设等。通过这些方法不断加强教师素养，提高教师业务水平。师资队伍素质的提高，为实验教学改革的顺利进行、为提高教学质量奠定了基础。

总之，在校、院两级领导的大力支持和鼓励下，我们对生物工程专业实验教学进行了一系列改革尝试。在改善实验环境、添加实验设备的基础上，增加了设计性综合性实验的比例，并逐步实现了开放式实验教学和实验室开放，特别是将最新的科研成果引入专业实验教学，拉近了教学与科研的距离，尤其受到学生欢迎。但是生物工程专业实验课程的改革路程很长，生物技术的发展也是日新月异，如何将课堂教学与最新的科技发展连接起来，激发学生求知欲和创新力，仍需积极探索、不断完善，以促进实验教学质量的不断提高。

【参考文献】

[1] 邵文尧. 生物工程专业实验教学改革与实践 [J]. 化工高等教育，2010，27 (1)：34—36.

[2] 许家瑞. 构建创新实验教学体系的探索与实践 [J]. 实验技术与管理，2009，26 (50)：1—4.

［3］钱波. 基于应用能力培养的工科开放实验教学体系的构建［J］. 实验技术与管理，2010，27（7）：136—138.

［4］邵文尧. 生物工程专业实验教学与科研相结合教学模式的探索与实践［J］. 实验技术与管理，2013，30（2）：162—164.

［5］宋国利. 开放式实验教学模式的研究与实践［J］. 实验室研究与探索，2010，29（2）：91—93.

［6］张建丽. 生物工程综合实验教学改革研究与实践［J］. 实验技术与管理，2010，25（5）：144—146.

华侨大学　化工学院生物工程与技术系

基于工程教育专业认证的培养目标和毕业要求制定[*]

——以华侨大学计算机科学与技术专业为例

钟必能　陈子仪　林昌龙　缑　锦　杜吉祥

摘　要： 随着我国成为《华盛顿协议》正式会员，以及教育部把工程教育专业认证作为提高工程专业教学质量的一项重要举措，我国工程教育认证体系正发生一系列积极、显著的进步和变化，越来越多的高校认可和实践"以学生中心""产出导向""持续改进"的认证核心理念。结合华侨大学计算机科学与技术专业的实际情况，首先从计算机科学与技术专业培养目标和毕业要求的制定两方面进行工程教育专业认证的研究和探讨；最后以2016级计算机科学与技术1班的"计算机导论"课程为案例，探讨该课程对毕业要求指标点达成度的支撑分析。以期为相关院校工程专业提供参考和借鉴。

关键词： 工程教育专业认证；计算机科学与技术；培养目标；毕业要求；达成度分析

* 基金项目：华侨大学教育教学改革立项项目"计算机科学与技术工程教育专业认证"；华侨大学本科教学质量提升计划项目"软件工程"。

一、引言

我国工程教育专业认证迄今已走过 11 年的发展历程：早在 2006 年，中国科协所属的中国工程教育认证协会[1]按照《华盛顿协议》[2]的认证标准和方法开始组织开展我国的工程教育专业认证工作；并于 2016 年 6 月经《华盛顿协议》全体成员一致通过，同意我国成为《华盛顿协议》的正式成员国。加入《华盛顿协议》是促进我国工程师按照国际标准培养、提高工程技术人才培养质量的重要举措，是推进工程师资格国际互认的基础和关键，对我国工程技术领域应对国际竞争、走向世界具有重要意义。

我国开展工程教育专业认证的目的是：构建工程教育的质量监控体系，推进工程教育改革，进一步提高工程教育质量；建立与工程师制度相衔接的工程教育专业认证体系，促进工程教育与工业界的联系，增强工程教育人才培养对产业发展的适应性；促进中国工程教育的国际互认，提升我国工程技术人才的国际竞争力。

目前我国已建立了与《华盛顿协议》要求基本一致的工程教育专业认证体系[2]，包括以学生为中心；培养目标和毕业要求为导向；课程体系、师资队伍和支持条件为条件；持续改进为保障措施的 7 个方面的通用标准以及各个专业领域的补充标准。其中 7 个方面的通用标准之间的逻辑关系如图 1 所示。

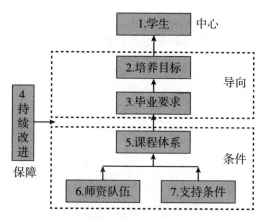

图 1　中国工程教育专业认证标准框架的基本逻辑图

截至 2016 年 12 月[1]，教育部高等教育教学评估中心、中国工程教育专业认证协会依据各分委员会（试点工作组）对 2017 年各个高校专业申请材料的审核意见，综合考虑专业布点情况、学校及各分委员会（试点工作组）的工作基础，公布了在机械、电气、化工、计算机、水利、土木等 14 个专业领域决定受理的 375 个专业认证申请。

目前，工科类的工程教育专业认证已成为国内高校广泛关注的问题[3-7]，也直接影响中国工科类专业未来如何办、如何发展的问题。然而华侨大学计算机科学与技术专业的工程教育专业认证工作起步较晚。在工程教育专业认证背景下，结合华侨大学计算机科学与技术专业的实际情况，对照认证的通用和补充标准[1]，对培养目标和毕业要求的制定进行探究；并以 2016 级计算机科学与技术 1 班的"计算机导论"课程为案例，探讨该课程对毕业要求达成度的支撑分析。

二、培养目标

计算机科学与技术专业面向信息社会经济发展需要，培养知识、能力、素质全面发展，系统掌握计算机基本理论知识、智能数据管理、多媒体信息处理、计算机应用系统开发等技术，并具有较强实践能力和创新意识的应用型人才。毕业生经过 5 年左右的职业历练，能够成为企事业单位的技术骨干或中层管理人员。

1. 具有良好的人文素养、职业道德和社会责任感；

2. 具有较强的沟通、交流能力、团队协作精神和一定的国际视野；

3. 能够开展计算机应用系统的设计与开发等工作；

4. 能够开展工程管理，在产品研发、设计、生产过程中担任组织管理角色；

5. 具有终身学习能力，能够主动通过各种适当途径拓展自己的知识和能力。

三、毕业要求

根据华侨大学计算机科学与技术专业培养特色及专业培养目标的要求，通过人文社会科学课、数学和自然科学课、工程基础课、专业基础课、专业课、学术讲座、社会实践活动、文艺文化活动、生产实践与实习、各类创新活动与竞赛、职业与人生观辅导与座谈等教学实践环节，使本专业毕业生能力达到如下基本要求：

（一）能够将数学、自然科学、工程基础和计算机专业知识用于解决复杂工程问题。

1. 能将数学、自然科学知识运用到计算机领域复杂工程问题的恰当表述之中；

2. 能针对一个复杂系统或过程建立合适的数学模型，并利用恰当的边界条件求解；

3. 能将工程基础和计算机基础知识用于复杂工程问题解决方案的验证；

4. 能将计算机专业知识用于计算机领域复杂工程问题的分析和改进。

（二）能够应用数学、自然科学和工程科学的基本原理，识别、表达、并通过文献研究分析计算机领域复杂工程问题，以获得有效结论。

1. 能将数学、自然科学知识用于识别和判断复杂工程问题的关键环节和参数；

2. 能认识到解决问题有多种方案可选择，并通过分析文献寻求可替代的解决方案；

3. 能正确表达一个工程问题的解决方案；

4. 能运用基本原理分析复杂工程问题解决过程中的关键影响因素，证实解决方案的合理性。

（三）能够针对计算机领域的复杂工程问题，设计满足特定需求的计算机应用系统，并考虑社会、健康、安全、法律、文化、环境等因素。（是否足够体现解决方案）

1. 具有工程实习和社会实践经历，能根据用户要求确定设计目标；

2. 掌握程序设计理论与方法，具备软件开发能力；

3. 掌握计算机体系结构理论，具备计算机应用系统设计开发能力；

4. 能够从安全、隐私、文化、法律、健康等角度出发，判断解决方案的合理性，并进行优选和改进；

5. 能够用报告或软硬件等形式，呈现设计成果。

（四）能够运用科学原理和科学方法，通过设计实验、采集数据、分析数据和信息融合等过程，对计算机领域的复杂工程问题进行研究并得到有效的结论。

1. 能够对计算机领域复杂工程问题进行建模，并采用正确的方法进行功能分析；

2. 能够根据计算机专业知识，选择研究路线、设计实验方案并分析可行性；

3. 能够选择或者搭建开发环境，采用科学方法，正确地开展实验；

4. 能正确采集、整理实验数据，对实验结果进行分析和信息融合，获取合理有效的结论。

（五）能够选择、改进、开发适当的技术、资源和现代工程工具及信息技术工具，用于复杂工程问题的建模、预测、分析、求解等，并了解其局限性。

1. 了解信息领域主要资料来源及获取方法，能够利用网络查询和检索本专业文献、资料及相关软件工具；

2. 能够使用现代工具对复杂工程问题进行预测与模拟，并了解其局限性；

3. 能够使用恰当的开发工具，辅助复杂工程问题解决方案的实施。

（六）能够基于工程相关背景知识进行合理分析，评价计算机专业工程实践和复杂工程问题解决方案对社会、健康、安全、法律以及文化的影响，并理解应承担的责任。

1. 了解计算机行业的特性与发展历史，以及信息化相关产业的基本方针、政策和法规；

2. 能合理评价计算机工程问题对社会、健康、安全、法律以及文化的影响，并理解应承担的责任。

（七）能够理解和评价针对复杂工程问题的工程实践对社会和环境可持续发展的影响。

1. 理解环境和社会可持续发展的含义，了解计算机及信息技术发展前沿和趋势；

2. 能够评价计算机工程实践对环境可持续发展的影响；

3. 能够理解和评价计算机安全与隐私问题对社会发展的影响。

（八）具有人文社会科学素养、社会责任感，能够在计算机领域的工程实践中理解并遵守工程职业道德和规范，履行责任。

1. 尊重生命、关爱他人、诚实守信，具有人文知识、思辨能力和科学精神；

2. 理解社会主义核心价值观，了解国情。维护国家利益，具有推动民族复兴和社会进步的责任感；

3. 理解计算机工程师的职业性质和责任，在工程实践中能自觉遵守职业道德和规范，具有法律意识。

（九）能够在多学科背景下的团队中承担个体、团队成员以及负责人的角色。

1. 能够理解多学科背景下的团队中每个角色的定位与责任，主动与其他学科的成员合作开展工作；

2. 能独立完成团队分配的工作，胜任团队成员的角色和责任；

3. 能倾听其他团队成员意见，并组织团队成员开展工作。

（十）具备一定的国际视野，能够就复杂工程问题与国内外业界同行及社会公众进行有效沟通和交流，包括撰写报告和设计文稿、陈述发言、清晰表达或回应指令。

1. 具备良好的表达能力，能够通过口头表达或书面方式进行有效沟通和交流；

2. 掌握一门外语，能够阅读本专业的外文资料，具有与同行沟通的能力；

3. 具有一定的国际视野，能够对计算机领域及其相关行业的国际状况有基本了解。

（十一）能够将工程管理原理与经济决策方法应用于软硬件系统设计、运营和管理中。（多学科环境）

1. 理解工程项目中的重要经济与管理因素；

2. 掌握计算机项目设计流程和管理方法；

3. 掌握一定的经济和管理知识，能够在软硬件设计和开发中考虑经济因素，并表现出一定的管理能力。

（十二）具有自主学习和终身学习的意识，有不断学习和适应发展的能力，能及时了解计算机领域的最新理论、技术及国际前沿动态。

1. 能认识不断探索和学习的必要性，具有自主学习和终身学习的意识；

2. 掌握自主学习的方法，了解拓展知识和能力的途径；

3. 能针对个人自身特点或职业发展需求，采用合适的方法，自主学习，适应发展。

四、毕业要求对培养目标的支撑

计算机科学与技术专业的上述 12 条毕业要求对 5 个培养目标的支撑关系矩阵表如表 1 所示。

表1 计算机科学与技术专业的12条毕业要求对5个培养目标的支撑关系矩阵表

毕业要求＼培养目标	1	2	3	4	5	6	7	8	9	10	11	12
目标1			√			√	√	√				
目标2							√		√	√		√
目标3	√	√	√	√	√							
目标4						√			√		√	
目标5					√							√

五、毕业要求指标点达成度评价——以"计算机导论"课程为例

毕业要求达成度评价的基本思想是：根据毕业要求设定支撑每条指标点的若干门课程，根据支撑强度设定权重值（达成度评价目标值），权重之和为1。通过直接观察来评价毕业要求及分解指标点的达成情况。以"计算机导论"课程为例，该课程对毕业能力要求指标点3.3、6.1、7.1、12.2提供支撑，其中对指标点3.3达成的权重为0.3，指标点6.1达成的权重为0.2，指标点7.1达成的权重为0.2，指标点12.2达成的权重为0.2；课程考核总分为100分。通过试卷和PPT报告方式对学生进行考核。数据来源为2016级计算机科学与技术1班的"计算机导论"课程成绩。

（一）试卷分析

本试卷中共有4道大题，38道小题，包含了大纲中绝大多数重要的知识点，覆盖大纲知识点占37.1%（比例）。试题形式按照学校要求进行，注重考察考生掌握基础知识以及独立解决问题的能力，难易程度合理。试题中基本知识题目占71%，适中题占13%，难题占16%。学生做对基本知识题人数占80.2%，做对综合与提高题人数占75.9%。

（二）试卷成绩分析统计

1. 整体成绩分析

班级	任课教师	人数	90－100		80－89		70－79		60－69		不及格		平均分
			人数	百分比	人数	百分比	人数	百分比	人数	百分比	人数	百分比	
2016级计算机科学与技术1班	陈子仪	56	17	30.4%	23	41.1%	11	19.6%	3	5.4%	2	3.6%	82.8

2. 每道题目平均分及支撑毕业要求指标点

题号		平均分	支撑毕业要求指标点
一	1	1.57	6.1
	2	0.964	3.3
	3	1.786	3.3
	4	1.714	3.3
	5	1.714	3.3
	6	1.786	12.2
	7	1.821	12.2
	8	1.607	12.2
	9	1.821	3.3
	10	1.143	6.1
	11	1.857	12.2
	12	1.821	3.3
	13	1.5	7.1
	14	0.571	3.3
	15	1.679	12.2
	16	0.893	3.3
	17	1.857	6.1
	18	1.071	6.1
	19	1.643	3.3
	20	1.786	12.2
	21	1.071	6.1
	22	1.857	6.1
	23	1.393	6.1

	题号	平均分	支撑毕业要求指标点
一	24	1.929	12.2
	25	1.964	6.1
二	1	1.607	6.1
	2	1.821	7.1
	3	1.75	7.1
	4	1.857	7.1
	5	1.857	6.1
三	1	3.045	12.2
	2	5.241	3.3
	3	3.33	7.1
	4	3.455	7.1
四	1	4	6.1
	2	4.42	3.3
	3	4.1875	3.3
	4	3.098	12.2

（三）课程对指标点能力达成度分析

1. 课程对指标点的达成度权重

本门课程对指标点 3.3 达成的权重为 0.3，指标点 6.1 达成的权重为 0.2，指标点 7.1 达成的权重为 0.2，指标点 12.2 达成的权重为 0.2；课程考核总分为 100 分。

（1）支持毕业要求指标点 3.3 的考核总分为 36 分，样本学生相关考核平均分 26.8；

（2）支持毕业要求指标点 6.1 的考核总分为 25 分，样本学生相关考核平均分 19.4；

（3）支持毕业要求指标点 7.1 的考核总分为 16 分，样本学生相关考核平均分 13.7；

（4）支持毕业要求指标点 12.2 的考核总分为 23 分，样本学生相关考核平均分 18.6。

2. 课程对毕业要求达成度的评价值

（1）指标点 3.3 评价值 $= 0.3 \times (26.8/36) = 0.222$

（2）指标点 6.1 评价值 $= 0.2 \times (19.4/25) = 0.155$

（3）指标点 7.1 评价值 $= 0.2 \times (13.7/16) = 0.171$

（4）指标点 12.2 评价值 $= 0.2 \times (18.6/23) = 0.162$

六、结束语

工程教育专业认证要求对培养目标和毕业要求进行细化分解，并提供课程体系对毕业要求的达成度的支撑；所以需要对培养目标和毕业要求标准的达成进行逐条举证。与优秀评估不同，由于工程教育专业认证是合格评估，故需要全体毕业生的数据（即不能只用优秀学生的数据）。以上为我院开展的"计算机科学与技术专业工程教育专业认证"，在培养目标和毕业要求制定以及以"计算机导论"课程为案例分析的毕业要求指标点达成度分析方面的改革与实践的探索，期望能对广大同行、兄弟院校的人才培养模式，提供具有一定价值的参考。

【参考文献】

[1] 中国工程教育认证 [EB/OL]. http：//www. ceeaa. org. cn/.

[2] 华盛顿协议 [EB/OL]. http：//www. ieagreements. org/.

[3] 孙涵，陈兵，陈松灿，等. 计算机科学与技术专业工程教育专业认证探究——以南京航空航天大学为例 [J]. 工业和信息化教育，2016（4）：50—54.

[4] 孙宪丽，张欣，张楠. 基于工程教育专业认证的计算机专业人才培养模式研究

［J］．大学教育，2016（4）：112—113.

　　［5］蒋宗礼．计算机科学与技术专业的认证与改革［J］．计算机教育，2010（1）：7—11.

　　［6］杜子德，陈道蓄．计算机工程教育认证情况介绍介绍［J］．中国计算机学会通讯，2009（5）：86—91.

　　［7］廖明宏，童志祥，宋巧红．计算机专业认证实践与思考［J］．计算机教育，2008（8）：98—99.

华侨大学　计算机科学与技术学院

工程力学课程教学改革探索

刘海涛

摘　要：根据《工程力学》课程教学的现状和存在的问题，结合少课时专业如市政工程专业和工程管理专业的新一轮课程体系改革，提出从工程背景、相关课程及课程内容之间的联系、课堂教学模式与课程考核体系等方面来改进《工程力学》课程的教学。

关键词：工程力学；课程教学；课程改革；教学方法

随着各专业评估深入和工程教育认证推广，新一轮教学大纲的修订结果表明：大学本科的通识教育在加强，专业教育在减弱，使得各专业课的教学课时大幅度减少，工程力学课程受的冲击最大。市政工程专业教学大纲中，工程力学课程的课时减少到 30 个学时，而工程管理专业的工程力学课程也减少到 54 个学时。课时的大幅度减少必然导致相应的教学方法改变。如何在很少的课时里讲完大纲里要求的全部内容，让学生建立起从工程结构到计算简图到理论计算的力学模式，以达到培养学生独立分析问题、解决问题的能力，从而提高课程教学效果。为此对工程力学课程教学改革进行了积极的探索。

一、选择恰当的教材

教材是引导学生学习的不言教师，教材的恰当与否关系到教学效果的好坏。随着各专业教学大纲的修改，工程力学课程的教学课时大量减少，导致课程内容和讲课方式方法需要大幅度调整。原有针对多学时的工程力学教材不再适用，必须重新选择合适的教材。跟当前土木工程专业的力学教材相比，少学时理工专业的《工程力学》教材少，而且存在教材内容难易程度参差不齐、章节排列不太合理等缺点。在教材的选择上，市政工程专业和工程管理专业对力学知识的要求大部分相同，只有少部分内容不一样，因此，应选择包括理论力学、材料力学和结构力学内容在内的、土木工程系列、适用少课时、不同专业有可选内容的教材。

二、课堂教学方法的改进

1. 把生活中各种力学现象和工程背景融入课堂教学中

大学本科生很少有工程背景，而工程力学跟实际工程又紧密相连，所以在讲授各种力学概念和力学问题的时候，把生活中常见的力学现象跟书本知识联系起来，加深学生对力学概念的理解。如讲授简单的连接件剪切计算时，碰到柱子基础的厚度剪切强度条件计算，学生不能很好地理解剪切面的面积，于是举例：脚踩在松软的泥巴地里，脚陷入泥巴里（假设周围泥巴不会盖到脚面），脚四周有一个泥巴桶状侧面就是剪切面。这样学生很容易就理解柱子和基础之间的剪切几何关系。又如：讲授等直圆杆扭转变形的时候，学生不能理解横截面中应力分布，于是引入例子：拧毛巾——毛巾两头加力偶矩，毛巾发生扭转变形前后毛巾的大小长度都不变，说明没有轴线方向正应力，也没有半径方向上的应力，这样应力就只能是垂直半径方向，而且在横截面里面，就只能是切应力。又如，讲授利用虚功原理的单位荷载法求结构的位移，为了说明力和位移没有因果关系，举例：柱子的自身有重力，会引起柱子的变形，在这种情况下重力和位移是有因果关系的，但是当柱子的基础发生沉降位移 H（比如由于地震造成的沉降），这时重力也要做功（质心位置，mgH），但是这个位移 H 不是由重力本身引起的，所以重力功 mgH 就是虚功。这样学生就正确理解了虚功的含义。

通过引入类似常见力学现象，让抽象难懂的力学概念不再难以理解。

2. 梳理力学知识点和实际工程之间对应关系和对后续课程的影响

力学知识前后都是连贯的。对于土木工程专业，力学课程课时多，可以按部就班，按顺序讲完所有力学内容，学生的学习效果好。但是，对于市政工程和工程管理专业来说，没有足够的课时，也没有必要讲得像土木工程专业那么深入，但是需要在学生的知识体系里构建起完整的力学概念。这需要教师有一定的讲课技巧，同时必须要有相应的工程经历，能把各种抽象的力学问题分解成实际工程实例或者工程施工中的某个环节。工程实例是学生经常可以见到的或者在实习过程中曾经碰到的例子，理论联系实际，才能深入浅出地讲好工程力学课程。强调工程力学中的知识点跟后续课程如工程结构的联系，如在讲授弯曲内力时，梁的弯矩图是工程结构中梁配筋的基础，错误的弯矩图会导致钢筋数量或者位置的错误，从而导致结构失效。又如讲授杆件的拉压变形时，可以把常见的空调外机支架作为例子，让学生懂得现在学的知识不但影响后续的课程学习，还会影响毕业后从事相关工作或考取国家相关机构从业资格证书。

3. 采用传统的教学方式和多媒体教学方式相结合

多媒体教学以其形象直观、生动有趣、信息量大、交互性强的优势为广大师生所喜爱和接受。很多人片面地认为，授课教师是否采用多媒体手段，决定了一门课程的教学方法是否改善和有所创新。其实，并不是所有的课程都适用多媒体授课，工程力学就是其中的一门课程。虽然有很多课程为了加快讲课进度和提高教学质量，已经采用多媒体课件进行教学。但是工程力学课程，应当采取传统的教学方法为主，多媒体教学为辅的方式教学，原因如下：

（1）工程力学所涉及的问题，大多需要对研究对象进行受力分析，做研究对象的受力分析图和进行强度、刚度、稳定性计算，其过程需要应用到大量的数学、物理和力学知识，理论性、逻辑性很强。用多媒体课件把这一系列问题像放电影一样放给学生看，学生根本不能理解和掌握，更不用说知识的应用和举一反三。对于这个问题的症结，传统的黑板板书就能很好地解决。教师从选择研究对象，到受力分析图，到列方程求解，各部分之间的关系在板书中很好地呈现，而且教师在板书的过程中解释每一部分之间的因果关系，这样学生思维容易跟上，也不会走弯路，更重要的是课堂上师生互动直接，加强了教学效果。所以在理论推导和逻辑性方面，传统的教学方法略胜多媒体方法。如讲授利用叠加原理作梁的弯矩图的时候，需要用到单跨静定梁在对应荷载作用下的弯矩图、区段叠加原理等知识，需要同时出现在一个版面的知识点很多，黑板板书的作用就明显了。教师可以分类型、知识点把需要的图形整齐地排列在黑板上，学生可以跟着教师的思路，一步一步逼近最后结果。学生在学习新知识的同时，又复习了已有知识，把分散的知识点逐步串联成知识体系。

（2）工程力学跟现实的工程结构存在着必然的联系，把现实工程结构的构造图呈现给学生看，就需要借助多媒体方式，节约教师在课堂上画图时间，而且多媒体课件以动画形式可以更形象地展示结构各部分之间的相对几何关系，让学生可以从整体上把握各部件对整体结构的贡献。

4. 重视力学知识的应用，做到因材施教

市政工程专业和工程管理专业的工程力学课程虽然都少课时，但是由于两个专业不同，对工程力学的要求也存在差异。市政工程专业的学生将来面对的工程构筑物与水有关，包括水管、水池、水厂等。这个专业的学生常常需要根据水压的大小来确定水管的类型，也就是：掌握给水管道中水压给予水管的应力计算。所以市政工程专业的学生要学习薄壁容器的应力计算这个章节，而可以不学超静定结构。工程管理专业的学生毕业后更多接触土木工程施工过程管理，和实际工程结构接触较多，所以不仅要学薄壁容器的应力计算，还要学习跟土木工程施工过程管理相关的超静定问题。不同专业有选择地学习不同内容，既可以满足各专业对工程力学的要求，又可以把有限的教学时间最大化利用，真正做到因材施教，学有所用。

三、课后作业跟踪和考核方法的优化

课后作业是检查课堂教学成果的最好手段，教师在批改作业的时候会发现学生的薄弱环节，然后有意识地重点培养学生解决问题的能力。每次课程结束后可以布置2—3道习题，习题不在多，而在精。学生在做习题的过程中能把所学知识融会贯通，加深对知识点的认识和提高应用知识的能力。课后辅导可以通过现代交流工具如建立 QQ 群或微信群，进行在线辅导，及时解答学生提出的问题。通过多渠道对学生进行辅导，可以随时了解学生的学习动态。

学习成果的最终表现形式就是考试成绩。考试成绩虽然不能百分之百地判断学生学习的好坏，但是可以从一定程度上反映教与学之间的关系和真实的教学成果。为了督促学生抓紧学习的各个环节，避免学生考试前临时突击学习和单一的卷面成绩定乾坤，避免学生考试时铤而走险进行作弊，工程力学课程成绩采取多样化的考核方法，把力学实验成绩按比例计入课程最终成绩。课程最后综合成绩采用的计算方法是：卷面成绩占70%，实验成绩、平时作业、课堂表现等各占10%。

通过采取一系列的有效措施，学生的工程力学成绩稳步提高，课程补考和重新学习的学生比例在逐年下降。这充分说明工程力学课程教学改革是有成效的。

简单地传授知识已不再是教育的全部内涵，培养能力是教育的核心，提高素质是教育的目的。工程力学是工科专业的基础课，如何让学生学得轻松、学有成效是每位力学教师要考虑的问题。随着高等教育改革深入，在人才培养问题上，从传授知识到重视培养能力直至注重提高素质，已经成为教育者的共识。

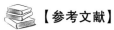 **【参考文献】**

［1］重庆大学. 建筑力学（第一、二、三分册）第四版［M］. 北京：高等教育出版社，2006.

［2］左小宝. 结构力学课程教学方法与实践［J］. 理工高教研究，2008，27（5）：140—142.

华侨大学　土木工程学院

加强华文教育网络化输出，
为"一带一路"铺路搭桥

张 斌[a]　徐 申[b]

摘 要："一带一路"政策的实施需要语言铺路搭桥，华文教育作为传承汉语的纽带对其推行与推进影响深远。网络时代，华文教学迎来信息化发展机遇，教学技术、教学模式、教学资源等不断更新升级。然而技术发展不平衡、教学质量无保证、资源共享不彻底等问题使华文教学网络化面临重重挑战。对此，应当建设网络教学体系、扩展教学应用层次、开拓国际网络教学市场，从而加强华文教育网络化输出、推动"一带一路"的语言文化建设。

关键词："一带一路"；华文教育；网络化教学

当前推行的"一带一路"政策是政治上的共遵共建，是经济上的共商共赢，更是思想文化上的共通共享。而语言作为思维的工具，在"一带一路"的建设历程中起着铺路搭桥的关键作用。随着中国与沿线各国的合作往来日益密切，语言文化的接触磨合也与日俱增。华文教育作为文化教育的纽带，对大量海外华人华侨及华裔传承中华优秀语言文化具有不可替代的作用，也对"一带一路"政策的推进与发展有所裨益。

在网络化的 21 世纪，信息技术冲击着人们生存发展的方方面面，微信、电邮、在线翻译等网络语言产品的广泛使用让人们享受着丰富的语言红利。

因此，"一带一路"的建设也离不开网络语言技术的开发与利用。近年来，网络也逐渐成为华文教育推广传播的信息渠道和重要手段，网络技术的应用是优化华文教学过程的新的切入点。华文教育开始走上信息化的道路，对于华文教育网络化教学的研究实践逐渐兴起且初成规模。

一、华文教学迎来信息化发展机遇

信息化、网络化的浪潮必然引起关于教学观念的反思。华文教学观念的转变是开展华文教育网络化教学的前提。传统课堂教学缺乏灵活度、效率低下等局限被打破，"教师主导"的教学模式也在悄然中发生转变，传统教材内容固定、形式单一的缺点得到一定程度的弥补。而当前，使用中文的网民数量逐日增长，据联合国宽带委员会发布的报告称，截至2015年，全球使用中文上网的网络用户人数已超过英语使用者。中文网站的地位也不断上升，在 ALEXA 全球网站排行榜前100名中，中文网站占据18席，而大量海外华文网站也相继开始建立。此外，2003年起，中国教育部开始启动精品课程建设，中国开放教育资源联合体也启动中国开放课程翻译计划，将优秀的课程视频翻译成英文通过网站进行分享。以上种种都为华文教育网络化教学建设及网络教学资源的搭建提供了良好的环境和操作的可行性。因为信息技术的裨益，华文教学的发展迎来了新的机遇。

首先，华文教学技术长足发展。在过去，华文教学主要局限传统的教学模式中，即以教师为主导，以室内教室为教学地点，以黑板、粉笔、实物教具等为教学工具。从学习者的角度考虑，这样的教学模式灵活度小，一旦教师对课堂的把握欠佳，则容易让学习者产生疲劳，不利于课堂教学效率的提高。对教师而言，以板书为主的知识呈现方式也让教学时间的把控增加难度，局限性较多。而到了网络化教学的时代，学生可以自主选择想学的知识，网络学习平台便是课堂，学生自主学习的同时可辅以相应的网络课程帮助实现自己的学习目的。在新时代，华文教育树立了网络化课堂教学的观念，将网络信息技术应用于华文教育教学的全过程。

　　其次，网络信息技术推动了华文教学模式的转变。"一带一路"政策必然会对汉语的传播带来巨大的推动作用，而汉语教学如华文教学则在文化传播中担任了极为重要的角色，华文教学的模式也在网络信息技术的助力下发生了转变。随着现代教育观念的变革，华文教育也开始强调"教师主导、学生主体"的"双主"地位，教师积极"导"学，学生充分发挥思维力与创造力，推动教与学质的飞跃。网络化教学时代，华文教育贯彻落实教师引领、学生自主的教学模式，实现教师由"传道解惑"到"授之以渔"、学生由"被动接受"到"主动应用"的积极转变。

　　再者，华文教材网络化倾向更加明显，网络华文教学资源愈加丰富。东南亚国家是华文教学重地，也是一带一路工程所覆盖的地区，在一带一路政策的引导之下，华文教学网络化教材和资源覆盖面更加广阔。传统华文教材以纸质版教材为主，内容固定，形式单一，部分教材编写年代久远，适用性、针对性不强，难以激发学生的学习兴趣。而网络化教材因其内容丰富多元、教学置于情境、呈现立体集成等优势，可以弥补纸质教材的缺陷。通过网络信息技术编制而成的普适、高效、靶向性强的网络教材可以更好地服务华文教学，满足不同华文学习者的学习需求。

　　除了网络教材，网络课程视频（包括免费 MOOC 课程、付费精品课程、碎片式微课课程）、教学课件等都是华文教育网络化教学资源的重要组成部分。而这些教学资源的整合搭建需要依靠网站建设来实现。当前，华文教育网络化教学资源建设正进行得有声有色。自 1999 年马来西亚华校董总首建华文教育网站开始，大批华文教育网站纷纷建立。2007 年中国国务院侨务办公室主办中国华文教育网后，暨南大学和华侨大学也创建了包括华文教育资料库、网络教材、华文教学数码资源中心、网络互动教学等网站，为华文教育网络化教学的发展起到了拓展教学方式、营造语言环境、丰富华文教育网络资源等重要作用。

　　早在 2004 年，已有中文网校、汉语远程教学网、学中文网、"汉语，你好"、远程教育网、华文教育网等华文教学网站，在这六个网站中开发了基础汉语教学内容并采取多媒体手段的比率为 100%，但开发应用汉语、HSK

考试辅导的比率仅为33%和17%，因而没有考虑不同华文学习者的个体差异，对HSK汉语水平考试也不够重视。如今，各地政府部门、学校、商业公司、海外华人社团等建立了大量的华文教学网站，它们提供了优秀的网络化教学资源，提供多种语言选择服务不同人群，提供不同时段华教活动的信息和教学资源，更新及时。由此可见，华文教育网站的建设逐渐成熟，华文教育网络化教学资源的搭建也越发完整充实。

除此之外，华文教育网络化教学模式的建构一直是华文教育界热切关注的话题。网络化教学强调教师引领导学和学生自主学习，因此从教学方式来看，华文教育网络化教学模式分为自主学习类教学模式和辅助学习类教学模式两种。2005—2006年间，广东省现代高校教育技术"151"项目——"基于网上资源利用的对外汉语视听教改试验"得到落实，它对华文教育网络化教学模式进行了实践探索。按教学内容分为基于网上资源应用的语言情景创设模式、基于资源主题探索的教学模式、应用网上资源进行任务协作模式等。当前，对华文教育网络化教学模式的探索也获得了一定的成果。这些探索使得多形式华文教育网络化教学模式开始孕育、诞生且初具雏形，为华文教育网络化教学的发展与推广起到了积极的助推作用。

二、华文教育网络化教学的新挑战

"一带一路"的时代背景下，华文教育网络化教学面临着新挑战，包括解决区域发展不平衡、教学质量难保证、发展定位不明确、资源共享不彻底等难题。

首先，纵览全球范围内的华文教育，由于各地经济、政治、文化、观念等的不同，各地华文教学的质量参差不齐，教学环境大相径庭。一些地区仍旧停留在黑板、粉笔的课堂教学环境，一些地区却已广泛运用互联网展开网络化教学。"一带一路"政策主张与沿线地区积极合作，加强沟通，减少区域发展的不平衡性，在华文教育方面更是无法回避。

再者，良好的教学质量也是华文教育教学生命力旺盛且不断发展的保证。

尽管当前网络华文教学资源较为丰富，当中仍存在不足，亟待重视和解决。此外，相比于英美发达国家有专门针对网络远程教学的质量认证与评估机构，华文教育网络化系统缺乏一个相应的质量监测和保障体系，这也势必会让教学质量难以保证。在缺乏质量保障的前提下，华文教育的推广和发展亦难顺利发展。

第三，网络化教学的展开应当培养学生自主学习的能力和终身学习的观念，然而华文教育网络化的发展定位并不明确。当前的华文教育网络化教学刚刚兴起，教学资源和师资力量良莠不齐，学历教育、非学历教育混杂开展，教学模式的建构不成熟，这都归结于缺乏具体、实际的发展方向和发展目标，发展定位不明确。

最后，从资源共享的现状来看，当前网络教学资源多集中于中国大陆和东南亚地区。中国大陆网站由于技术先进、资金支持雄厚，尚且有部分资源可在海外与学习者共享。而海外华文教育网站由于缺乏政府支持、资金人才匮乏、技术相对落后，各网站水平参差不齐，海外华文学习者则难以享用高质量的网络教学资源。如何实现中外网络资源的有效对接、实现彻底的资源共享是当前华文教育网络化发展道路上亟待解决的问题之一。

三、应对挑战的战略性措施

为了更好地应对"一带一路"背景下华文教育网络化教学面临的新挑战，以下几点建议可供参考：

其一，应当加快建设系统化的华文教育网络化教学体系。以西方远程网络教育为例，西方网络远程教育在先进的理论支持和技术创新之下，教育目的、教育内容、教育主体、教育模式、教育资源等都发生巨大变革且自成体系，使网络化教学系统、科学。网络影响着人们的思维方式、价值观念、行为认知，因此，培养具有信息素养的世界公民成为美国网络远程教育的根本目的，除了要养成正确的价值观，还应构建新的信息知识体系（包括计算机能力、媒体素养、信息素养）、理解相应的信息权利和信息义务。在教育内容中，学会运用网络确定教学任务、检索信息、使用信息、集成展示是网络远程教育对学生的新的要求。教育主体方面，在网络远程教育中，教师不仅是教学的引领者、组织者，还是基于网络的测评者、咨询者和开发者等；学生也应当培养自身学习的独立性、自主性和选择性，努力提高创造力、创新思维和主动参与、积极探索的习惯。教育资源方面，西方领先全球的先进科学技术与政府大量人力财力的投入保证了网络远程教育资源开发的质与量，在信息化教育资源建设上，西方不仅有重视对图书馆（包括传统的图书馆、电子图书馆、数字化图书馆）的建设，还大力开发网上报纸、杂志以及网上书店。这一切教育要素成系统、成规模的变革都使得美国网络化教学系统、科学。

网络远程教育的教育模式强调学生的个性化与自主性，注重对学生自主创新能力的培养，华文教育网络化教学也将做到有规可循，国家相关部门应根据华文教育的实际和网络化发展的现状制定相应的教学目的、教学内容，搭建相应的教学资源与教学平台，探索并形成适合华文教育的教学模式与教学方法、手段，从而实现系统化的体系建设。

其二，扩展多样化的华文教育网络化教学应用层次。华文教育网络化教学应做到有的放矢，根据不同国籍、不同学习目的的华文学习者展开具有针对性的高等教育、基础教育、职业认证、企业培训、师资培训等，以及具有目的性的学历教育与非学历教育。基础教育包括学前教育、初等教育、中等教育三个阶段。职业认证培训的对象相对广泛，学生、成人皆可参加，提供培训他们可以获得某种职业技能或得到相关考试的认证；西方的职业培训已实现了网络化、国际化、联合化，学校或公司建立的网站广泛联系，合作与竞争不断增加。企业 E-Learning 主要适用于企业内部的培训，帮助企业员工实现某种职业需要；据数据，美国已有 7000 万至 8000 万人通过 E-Learning获得知识和工作技能，超过 60% 的企业通过 E-Learning 对内部员工进行培训和继续教育。网络教育服务为网络教育提供相关服务，包括网游、频道、平台等，西方网络远程教育在网络教育服务领域也做得相当到位，这从美国对图书馆建设的投入上便可看出。

自 2006 年开始，中国华文教育基金会开始陆续在美国、葡萄牙、印尼、文莱等国开展华文师资远程培训工作；"2012 华文师资远程培训"项目已涵盖了幼儿师资、初级汉字与汉语速成教学、中级华文阅读教学、高级汉语教学法等各个层级的华文教学内容；2013 年 6 月，上海市侨办联合澳大利亚新金山中文学校在上海和墨尔本两地同步展开海外华文师资远程培训；2013 年 8 月，国侨办携手厦门大学启动华文网络远程学历教育项目；2017 年，台湾师范大学通过"台湾教育部"认证，开设海外华语师资数位硕士在职专班，为海外华文教师展开研究生学历教育。这些教学实践的展开都是华文教育网络化教学在提高目标性与层次性上所做的努力，以推动华文教育网络化教学走向目标明确、层次多元的道路。

其三，发展规模化的华文教育网络教学国际市场。网络教学市场庞大，据斯隆联盟自 2003 年起至 2011 年对美国高等网络教育的调查，注册学生人数占总注册学生人数的比例由 11.7% 逐年提高至 32%，注册人数也由 197 万到 671 万稳步增长。此外，英语全球化推广的基本实现、信息化教学走向的必然趋势和全球化跨境教育的逐渐流行都为西方网络化远程教育提供了良好的发展前景，使网络化教学开放度更大、受众面更宽、服务性更强。跨境化教育包括境外教育输入、本地教育输出和吸引非本地的学生。而西方远程教育已将视野扩展到国际市场，在英语全球范围普及流行、教学网络信息化的基础上，诸多高校将其网络远程扩展到亚洲地区拓展新的市场，实现了其跨境教育的全球化。

随着我国国际地位的提升和国家综合实力的增强，汉语热逐渐兴起。在当前"一带一路"政策的带动和网络热的技术支持下，华文教育网络化教学也将使更大规模的人群受益。作为四大文明古国之一的中国，其优秀的传统文化长期在世界文化之林中占据一席之地，汉语与中华文化越来越受到全世界的瞩目，华文教育网络化教学也拥有广阔的国际市场且有待开发挖掘。

"一带一路"政策势必带来汉语与中华文化传播的繁荣，华文教育作为其中的一环，在网络化教学的改革中繁荣发展，也将积极应对新时代的挑战。未来华文教育网络化教学的发展规模必将不断扩大，汉语的国际影响力与中国文化软实力也将不断提升。

【参考文献】

［1］陈丽．远程教育学基础［M］．高等教育出版社，2005.

［2］陈颖．台湾开展华文教育的措施与特点［J］．八桂侨刊，2000（3）．

［3］陈真．国际化背景下华文教育发展趋势及影响研究［J］．云南师范大学学报
（对外汉语教学与研究版），2007（2）．

［4］高丽君．网络化教学模式研究［J］．教育理论与实践，2006（2）．

［5］贾益民，熊玉珍．现代教育技术应用与华文教育变革［J］．中国电化教育，
2008（1）．

［6］李嘉郁．论华文教育的定位及其发展趋势［J］．华侨华人历史研究，2004
（4）．

［7］刘芳彬．海外华文教育与对外汉语教学之资源整合［J］．广州社会主义学院学
报，2015（3）．

［8］刘华，程浩兵．近年来海外华文教育发展的现状、问题及趋势［J］．东南亚研
究，2014（2）．

［9］刘权，董英华．信息革命开辟华文教育新空间［J］．暨南大学华文学院学报，
2002（2）．

［10］武法提．网络教育应用［M］．高等教育出版社，2003.

［11］张伟远．跨境教育浪潮中的远程教育［J］．中国远程教育，2006（11）．

［12］宋剑，郑文标．网络时代华文教育问题的思考［J］．侨务工作研究，2012
（6）．

［13］滕欣欣．国内远程教育发展现状和趋势探究［J］．中国教育技术装备，2011
（3）．

［14］周庆华．美国远程教育网络化研究［D］．河北大学，2008.

［15］郑通涛，陈荣岚．两岸华文教育与文化传播协同创新的建构机制与运作模式研
究报告之一［J］．海外华文教育，2015（1）．

华侨大学　a. 华文教育研究院　b. 华文学院

面向侨生的计算机技术
专业研究生国际化课程设置探索*

陈锻生　吴扬扬

摘　要： 海外生源的硕士研究生通常与国内生具有不同的本科教育背景，如何设置合适的硕士研究生课程体系是需要在国际专业教育体系下进行认真研究的。根据 CS2013 国际计算机课程设置规范，结合目前华侨大学计算机技术专业学位课程设置现状，设计多个研究方向的计算机技术专业硕士的课程体系，可以使本科阶段有不同学术背景和专业取向的华侨学生都可以顺利转入，较好地与 CS2013 衔接，有利于提高侨生毕业后在国际人才市场上的竞争力。

关键词： 计算机技术；课程设置；国际化；海外研究生

电子计算机从 1946 年出现至今有 70 年的历史，这段时间以来计算机科学与技术一直是一个由欧美主要发达国家主导发展的学科。在中国高校的计算机专业研究生设置什么专业课程，讲授什么内容，与国内高校跟踪世界计算机技术发展的动态一直有重大关系。

为配合国家一带一路的发展战略，发挥华侨大学为侨服务的特色，参照

* 基金项目：华侨大学 2014 年研究生课程建设教学改革项目"计算机专业研究生的国际化课程建设"（项目编号：14YJG06）。

国际先进的计算机教育体系和课程设置，实施"以生为本"的教育理念，设置面向侨生的华侨大学计算机技术专业学位的培养计划，对引导本校计算机专业海外教育，吸引和扩展海外生源将起重要作用。

一、国际计算机科学专业教育规范简介

美国计算机学会（ACM）与 IEEE 计算机学会在 40 多年前就开始致力于计算领域国际化本科课程体系的设计，并大致每十年对课程体系进行一次修改，最近一次是 2013 年版的计算机科学课程体系规范。2014 年 7 月 ACM 中国教育委员会与中国教育部计算机类专业教学指导委员会合作翻译并在 2015 年由高等教育出版社出版了《计算机科学课程体系规范 2013》（简称 CS2013)[1]，这是 ACM 通过对多个国家数百所不同类型大学的计算机专业教育调查的总结报告。这份报告虽然形成于国外，但从其前身 CS2001 开始就已经被国内引进、吸收和消化并出版中文版 CCS2003[2]，成为国内许多知名大学计算机专业高等教育课程设置的重要参照。尽管 ACM 计算机学会等曾对研究生层次的计算机课程设置进行如何分类的讨论，并研究了软件工程和信息系统两个类别的课程计划[3]，但至今还没有专门为研究生层次的计算机技术专业教育推出相应的课程体系规范。

计算机科学的领域迅速扩大而且势头还在继续，学科内涵不断丰富壮大，但课程体系的规模却不可能按同样趋势随之扩张。CS2013 对计算机学科的知识体系进行层次化。知识体系由 18 个知识领域构成，知识领域之间存在相互关联性，应把知识体作为一个整体来阅读，而不是孤立地去专注某个特定的知识领域。知识领域并不与课程体系中的具体课程一一对应：课程体系中应包含涉及多个领域知识点的课程。知识点分为"核心"与"选修"，核心进一步划分为"一级"或"二级"。核心一级（Core‑Tier1）内是对计算机科学而言至关重要的知识点内容，是每个计算机科学的课程体系必要的组成部分。而其他知识点内容都设置在核心二级（Core‑Tier2）和选修（Elective）内。

CS2013 对学生掌握知识点的要求也分为 3 个层次：熟悉、运用和评估

（Familiarity，Usage，Assessment）该规范建议四年本科的计算机教育应该完成所有核心一级和80%的核心二级知识点的教学，相当于至少需要279个核心学时。每个知识领域的教学都要求学生有若干学习成果。

核心一级165 + 核心二级143 = 308 学时

核心一级 + 90%的核心二级合计 = 293.7 学时

核心一级 + 80%的核心二级合计 = 279.4 学时

对核心知识点，CS2013给出每个知识点教学的最少课堂学时；但对于选修的知识点却大部分没有具体给出每个知识点教学的最少课堂学时。下面我们试图从选修知识点的产出（学习成果）估计其最少需要投入的课堂学时数：对每个知识领域的教学，无论是涉及核心或选修知识点，CS2013都要求学生有若干具体的学习成果。表1统计了不同层次知识点要求的学习成果数目。

表1 不同类别的学习成果数

	核心一级	核心二级	选修
熟悉	118	192	273
运用	93	92	191
评估	43	23	86
小计	254	307	550

如上所述，四年本科的计算机教育应该完成所有核心一级和80%的核心二级知识点的教学约279.4学时，产生大约254 + 307 * 80% = 500个学习成果，因此可以反向估计：要求550个学习成果的CS2013所有选修知识点也至少需要279.4 * 550/500 = 307个课堂学时。除了少数属于核心二级的选修知识点外可能被具体的本科课程设置所覆盖，许多选修知识点是一个四年本科计算机教育不可能完成的，这些本科课程无法覆盖的知识点自然就成为计算机专业本科毕业生在研究生阶段需要继续学习的可选知识内容。

总之，CS2013在计算机科学本质方面的教学不失其严谨性的前提下，提倡更灵活的本科课程设置，很多推荐为选修的知识点不可能在四年本科教学中完成，也将成为研究生教育课程设置的重要参照。

二、华侨大学计算机专业研究生教育现状

华侨大学计算机科学与技术专业的本科教育从 1980 年开始，已经具有 36 年的历史，硕士研究生教育从 1994 年开始，也有 22 年的历史，全部面向全国和海内外招生，目前每年招收全日制硕士生约 50 名，非全日制专业学位研究生约 30 名。计算机科学与技术学院现有在岗硕士生导师近 30 名，有丰富的国内研究生培养和一定的海外华侨华人硕士研究生的培养经历和经验。2016 年该学院经过全校学位点自主动态调整后，保留的三个硕士点涉及以下两大类的硕士研究生教育：

◆ 学术型（计算机科学与技术）；

◆ 学术型（软件工程）；

◆ 专业型（计算机技术）

以上三个硕士点分类培养对学生可以有不同要求：

◆ 计算机科学与技术：科学研究（有所创新，发表中英文高水平论文）；

◆ 软件工程：学术研究发表论文，或软件集成（开发实用系统，形成软件著作权）；

◆ 计算机技术：技术开发（解决实际技术问题，形成专利、参与标准制定）。

目前本学院的各类研究生教育已经分别形成一个独立的课程体系，能基本反映学校的教学目标、本专业的师资力量、学生需求和用人单位的要求。但与美国计算机学会（ACM）与 IEEE 计算机学会推荐的计算机科学课程体系规范对照还有一些距离。

因此，应该对每类学生分别设置更合理的培养目标和培养计划，其中，软件工程的研究生培养计划已经有 ACM 的 GSwE2009 的软件工程研究生课程指南可供参考，计算机科学与技术还没有专门为培养研究生制定的 ACM 课程

指南，计算机技术是依托于计算机科学的，目前也没有专门为培养研究生制定的 ACM 课程指南。下面就以计算机科学与技术为例，探讨该专业的硕士研究生专业课程设置。

三、面向侨生的计算机技术专业硕士研究生专业课程设置探索

通过前面分析 CS2013 知识体系的知识点分层结构可知，一个学校的计算机科学本科课程设置所没有覆盖的一些核心知识点和大部分选修知识点都可以成为该校的研究生课程设置的指南。因此，一个学校的本科教学与研究生教学计划要有通盘设计，包括统一的课程编码、知识点覆盖和课程的衔接关系。同时，对于来自不同国家、不同本科院校和不同本科专业的学生，关于计算机技术专业的背景知识会有很大差异，很多华侨学生所缺乏的计算机学科核心知识不是 2 门本科专业课就能补起来的，可根据自身学术背景和培养目标从通盘设计的本科和研究生培养计划中灵活选择课程学习，实现真正的学分制。在目前学校对本科与研究生教育分块管理的体制中，要做到本硕课程体系的通盘设置还需要不同管理部门的通力合作。

（一）专业必修课

华侨大学计算机技术专业学位硕士研究生课程设置目前分成 3 个研究方向，分别是：图像处理与模式识别，数据库与智能数据管理，网络工程。计算机技术专业学位的学科基础是计算机科学与技术一级学科，课程设置中沿用了之前学校要求的学位课和专业课程的学分要求，因此无法对每个研究方向设置更贴切的学位课和专业必修课，对照 CS2013 也很容易发现一些近 10 年的重要研究领域没有被开设为必修课，比如并行计算和网络安全。表 2 提出了一种在现有各研究方向基础上更独立的、知识点覆盖更加全面和合理的必修课程设置方案。

表2　若干研究方向及其必修课程设置与 CS2013 对比后的一种改进的必修课程培养方案

序号	研究方向	原必修课程	新必修课程	知识点
1	图像处理与模式识别	算法设计与分析	算法设计与分析	基础数据结构及算法，可计算性及复杂度；P 问题和 NP 问题
		数据库管理系统实现	并行与分布式计算	通信和协同，并行算法、分析和编程，并行体系结构，并行性能，分布式系统
		数字图像分析	数字图像分析	人的视觉感知基础，图像采样与表示，图像压缩与信息理论，彩色模型，人的颜色感知，数学形态学，多分辨率图像分析
		高级计算机网络	模式识别	分类算法和分类效果的度量；统计技术，图像识别
2	数据库与智能数据管理	算法设计与分析	算法设计与分析	基础数据结构及算法，可计算性及复杂度；P 问题和 NP 问题
		数据库管理系统实现	信息管理与智能系统	索引，查询语言，事物处理，分布式数据库；搜索策略，知识表达和推理，代理
		数字图像分析	数据挖掘	挖掘算法，关联与序列模式，聚类，数据清洁，数据可视化
		高级计算机网络	机器学习	归纳学习，简单统计学习，过拟合问题，测量分类器的精度；监督学习，无监督学习，效果评价
3	网络工程	算法设计与分析	算法设计与分析	基础数据结构及算法，可计算性及复杂度；P 问题和 NP 问题
		数据库管理系统实现	信息保障与安全	防错性程序设计，网络安全，密码学，平台安全，安全策略与管理，数字取证
		数字图像分析	云计算	互联网大规模计算，云服务，虚拟化，基于云的数据存储
		高级计算机网络	高级计算机网络	可靠数据传输，资源分配，移动性，社交网络

序号	研究方向	原必修课程	新必修课程	知识点
部分新选修课			计算科学	建模与仿真，编程概念，数值方法，并行与分布式计算的基本属性，交互式可视化，数据、信息和知识
			网络媒体分析技术	数据搜索、查询处理，社交网络平台，社交网络图，自然语言处理技术，数据清洁，基于内容的数据分析
			感知与计算机视觉	图像采集、表示、处理。形状表示，对象识别和分割。运动分析。音频和语音识别

以上修订后的必修课课程增加了并行计算、信息安全、云计算和计算科学等重要的研究领域，但即使加上原来开设的许多选修课程，以及在本学院的另一个一级硕士点——软件工程的课程设置所涉及的知识领域，也还没有完全覆盖 CS2013 的 18 个计算机科学研究领域以及整个知识体系。比如还没有涉及多处理器和可选体系结构、社会问题和伦理道德，很少涉及几何建模与高级绘制，计算机动画等计算机图形学与可视化领域的知识点可用于开发数字媒体艺术等应用的基础技术；也很少涉及数据可视化、非鼠标人机交互的新兴交互技术，虚拟现实和移动增强现实等。通过与 CS2013 进行对照，可以帮助我们结合侨生实际需求，逐步开设或调整更多符合计算机科学教育国际发展趋势的研究生课程。

（二）专业选修课的设置

应为不同学科和职业背景的华侨学生提供灵活性选择，使其有能力进行跨领域工作。计算机是一个广泛的领域，它与其他许多学科相关，也从这些学科获取成长的动力，这些学科包括数学、电子工程、心理学、统计学、美术、语言学、物理学和生命科学等。专业选修课应该培养计算机科学专业的学生们具有跨学科工作的灵活性，让学生毕业后有能力从事多种职业，这样也可以吸引具有各种才能的侨生加入学习计算机科学的行列。

（三） 专业实践和个人素质

计算机技术专业学位除了要培养硕士生的基础理论知识，还必须加强系统分析和程序设计能力的实践，包括对学生专业实践能力（如口头及书面沟通、团队合作、时间管理、问题解决能力）和个人素质（如风险承受能力、耐心程度、职业道德、机会识别、社会责任感、对多元文化习惯及背景的理解等）的培养。要想成功地将计算机技术知识运用在实践中，往往需要容忍事物的模糊性，能很好地与不同背景和学科的人一起讨论和工作。计算机技术专业学位侨生所接受的教育应该为他们今后的工作提供全面而充分的准备，而不是简单的技术细节灌输。专业实践能力和个人素质在工作场所中和职业发展道路上将起到关键作用。

四、结束语

本文从华侨大学海外生源的研究生在国外的不同高等教育背景出发，根据 CS2013 国际计算机课程设置规范，设计多个研究方向的计算机技术专业硕士的课程体系，这样可以使本科阶段有不同学术背景和专业取向的学生都可以顺利转入，较好地与 CS2013 衔接，有利于提高侨生毕业后在国际人才市场上的竞争力。

计算机技术一直在迅速地改变着自己，并在可预见的将来继续快速变化着。为不断适应侨生所在国家和地区对计算机技术应用的发展需求，课程体系还必须包含培养学生终身学习能力的内容，这也是华侨大学计算机技术专业学位海外版的培养计划需要继续改进的方向，为不同学术背景和应用需求的海外侨生量身定造专用的课程设置和培养计划。

【参考文献】

［1］ Computer Science 2013： Curriculum Guidelines for Undergraduate Programs in Computer Science［EB/OL］. 2017 - 1 - 7. https：//www. acm. org/education/CS2013 - final - report. pdf

［2］高等学校计算机科学与技术本科专业发展战略研究报告暨专业规范［R］. 高等教育出版社，2006.

［3］Graduate Software Engineering 2009（GSwE2009）：Curriculum Guidelines for Graduate Degree Programs in Software Engineering［EB/OL］. 2017 - 1 - 7. http：//www. acm. org/binaries/content/assets/education/gsew2009. pdf

［4］罗英姿，李芹，韩纪琴，曲福田. 高校研究生教育国际化评价指标体系构建初探［J］. 学位与研究生教育，2009（11）：64—69.

华侨大学　计算机科学与技术学院

手机新媒体对高校辅导员
做好学生工作的影响探析[*]

张永强^a　王巍^b　周新原^c　许落汀^a

摘　要： 随着"互联网＋"时代的到来，手机新媒体已经融入到了高校学生的学习和生活中去。辅导员要正视手机新媒体给高校学生工作带来的负面影响，充分利用其带来的新机遇，在工作方式上通过提升自身运用手机新媒体能力、调动学生干部的新媒体积极性和建立新媒体工作平台等途径，适应新形势下大学生网络思想政治教育工作的要求，完成立德树人的根本任务。

关键词： 手机新媒体；辅导员；学生工作

中央《关于进一步加强和改进新形势下高校宣传思想工作的意见》强调，充分利用新媒体做好大学生思想政治工作是时代发展的迫切需要[1]。2016年12月，习近平总书记在全国高校思想政治工作会议上指出，做好高校思想政治工作，要因事而化、因时而进、因势而新，要更加注重以文化人、以文育人，开展形式多样、健康向上、格调高雅的校园文化活动，要运用新媒体新技术使工作活起来，推动思想政治工作的传统优势同信息技术高度融合，增强时代感和吸引力[2]。中国互联网络信息中心（CNNIC）在京发布的

---

* 基金项目：华侨大学2017年教师教学发展改革项目（项目编号：175F－JXGZ11）。

第 39 次《中国互联网络发展状况统计报告》显示，截至 2016 年 12 月，我国手机网民达 6.95 亿，较 2015 年底增加 7550 万人，网民中手机网民占比由 2015 年的 90.1% 上升至 95.1%，网民中 20—29 岁年龄段的占比最高、达 30.3%[3]。以手机微博、微信、易信和 QQ 为代表的即时通信以及网购、手游、视频、直播平台等手机新媒体成为网民在手机端最常使用的 APP 应用。大学生是我国手机网民的重要组成部分，高校辅导员是做好大学生思想政治工作的重要队伍和力量，手机新媒体的普及应用赋予了辅导员新的职责和使命。

一、手机新媒体给辅导员开展学生工作带来的负面影响

"互联网 +" 背景下，校园无线网络和手机 4G 网络的飞速发展使手机新媒体迅速融入高校校园生活，成为青年学生必不可少的学习社交工具。手机新媒体因具有快速而又便捷、交互性和存储性强、高移动性和便携性、知识碎片化和功能多样化等特征，与青年大学生的心理特征相契合，可深入到大学生的人际交往圈子和生活圈子，给高校思想政治工作、特别是给辅导员做好学生工作带来了负面影响[4]。

（一）影响了大学生的三观

大学阶段是青年学生世界观、人生观和价值观形成和人格塑造的重要时期，引领青年学生自觉践行社会主义核心价值观是高校辅导员开展学生工作的主要任务。手机新媒体"交互性强"的特性使得每一位学生都成为信息的提供者和传播者，大学生思维日趋多元化加剧了他们对学校官网等主流宣传媒体距离感和抗拒感的产生，造成引领学生三观的学校传统宣传平台公信力降低。手机新媒体"传播迅速"的特性使得管理者往往是"事后审查"，具有信息管控的滞后性，大学生对网络信息的辨识能力较差、处世经验不足，难以正确辨别手机新媒体中的海量信息，近年来网络诈骗、校园贷、裸贷等校园安全事件屡有发生，充斥着大学生及其家长的心灵。党的十八大以来，

国家加强了对互联网信息安全的管控力度，拜金、享乐等腐朽价值观便向隐蔽性较强的手机新媒体转移，部分青年学生在多元信息的冲击下，陷入价值观冲突、信仰迷茫、迷失自我的状态，在一定程度上影响其心理健康，不利于青年学生的健康成长[5]。

（二）影响了大学生的人际交往

手机新媒体"拉近了"人与人之间的距离，使线上的人们在社会交往、情感交流等方面得到了满足，所以越来越多的受众"拿得起、放不下"[6]。不管是在学生课堂，还是在学生宿舍，抑或是在校园的人行道上，到处可见埋头玩手机的"低头族"。青年学生富有生机、充满活力，大学阶段是他们开阔视野、增长才干的关键时期，但是手机新媒体使他们进入了人际交往的误区。一些大学生在手机中构造了一个属于自己的虚拟世界，线上联系的过度带来线下人际交往的缺失，他们不愿意参加集体活动，压缩了"面对面"交流的机会，降低了"表情识别"等人际交往能力，导致大学生脱离现实生活、自我封闭，不愿意与他人交流、分享自己的想法与心得，成了"抑郁""焦虑"等心理疾病诱发的根源，在一定程度上加剧了高校校园安全稳定的风险。

（三）影响了大学生的学习氛围

中国社科院社会学研究所社会心理研究中心和社会科学文献出版社共同发布的《社会心态蓝皮书：中国社会心态研究报告（2015）》数据显示，"大学生每天用在智能手机上的时间达到5小时17分钟，大学生使用手机上网时间段中'上课无聊时'占20%"，这个数据也表明学生使用手机影响上课的时间约每天1小时。手机4G网络时代的到来以及各高校校园乃至教室无线网络的全覆盖，为"手机游戏"开辟了越来越广阔的舞台，再加上大学部分课程较为枯燥、乏味，越来越多的学生在上课时将注意力转移至手机上，玩手机游戏、聊天、逛微信朋友圈等，有些学生甚至通宵躺在床上看视频，导致第二天课堂上无精打采，丧失学习的兴趣和斗志。手机新媒体成了部分学生的"对讲机"和"直播平台"，在平时上课时因心存侥幸而迟到、旷课，通过微信群与上课的同学互通有无，让同学在老师考勤点名时帮忙答到，最终高中的"学霸"成了大学的"学渣"，走上了不能正常毕业或是被迫退学的道路，很多老师和学生家长为此黯然神伤。手机新媒体在一定程度上助长了平时不学无术的学生在考试时铤而走险、参与作弊的可能，他们在 QQ 群或者微信群里与考场内外的同学进行"拍照上传试题—讨论解题过程—分享试题答案"等一系列分工合作，高效率完成考试作弊。据了解，近年来各高校因手机作弊而被处分的学生有逐年上升的趋势。手机新媒体在某种程度上使大学生的学习氛围偏离了正轨，进入一种焦灼的状态。

二、手机新媒体给辅导员开展学生工作带来的机遇

手机新媒体传播速度快、成本低、受时间和空间限制小、交互性强和覆盖面广等所有特性都成为其优势，为辅导员更好地开展学生工作带来了机遇。

（一）交互式的工作平台为师生交流提供话语空间

手机新媒体为辅导员开展学生工作提供了一个交互性的工作平台，实现了大学生思想政治教育模式由传统的"单一单向式传递"阶段跨越进入"双向、多向互动式交流"时代，其中关注、点赞、评论等用户之间的交流和互动方式极大地增加了其趣味性，使得大学生思想政治教育工作因事而化、因时而进、因势而新，更加具有时代特征和个性特征。手机新媒体的虚拟交流方式使师生处于平等交流的地位，使大学生摆脱了对辅导员的陌生感和距离感，促使他们更加愿意与辅导员谈心谈话，提升了辅导员工作的针对性和实效性，增强了思想政治工作的吸引力和感染力。同时，部分学生也从现实中的受教育者摇身一变成了新媒体中的教育者，在分享自己学习经验帮助同学共同进步的同时也提高了自己的自我效能感。

（二）快速便捷的传播方式增强了学生工作的时效性

手机新媒体超越了普通网民时空、地点的限制，只要有网络信号，就可获取资讯、查阅资料、与人交流，人类迈入"随时发声、随时传播、随时交流"的时代。辅导员与学生、辅导员与辅导员、学生与学生之间的交流更加便捷、顺畅，通过直播平台开班会、讲授《形势与政策》课程、讲解节假日外出返校途中的安全注意事项、强调诚信考试规则、宣讲就业创业政策等。无论是白昼黑夜还是寒来暑往，都可以及时发布学生事务的相关通知、为学生答疑解惑，引导青年学生广泛关注社会热点焦点问题，提升学生辨别事物真伪的能力，防止学生因缺乏社会经验而受人蛊惑。部分辅导员和主要学生干部已经成了校园中的"网红"，他们通过开设微信公众号、推送微信微博软文，引领高校校园的文化氛围和舆论风向，影响着一批又一批青年学生的世界观、人生观和价值观。

（三）灵活多变的活动形式提升了社团文化地位

高校社团文化是校园文化的重要组成部分，以兴趣爱好为纽带的社团文化建设必定会受到新媒体环境的影响，即高校学生社团的新媒体化。传统的社团活动形式由于时间和空间受限，很难吸引对新鲜事物充满好奇心的大学生，已无法适应新媒体时代高校大学生的发展需求，导致高校学生社团的校园文化地位也随之下降。央视近年来推出的《中国诗词大会》和《朗读者》等栏目充分运用现代新媒体平台进行传播，得到了前所未有的关注度，《朗读者》播到第 7 期时微信公众号上的 132 篇文章阅读量突破 10 万 +，手机客户端的收听量达到 1.79 亿次，相关视频全网播放 4.97 亿次[7]。很多高校学生社团也尝试以新媒体手段的传播、互动、交流来进行活动的发起、推广，让更多的优秀人才参与进来、融入进去，给他们提供大放异彩的机会和平台，推进学生社团文化建设，提升社团文化地位，繁荣高校校园文化。

三、利用手机新媒体开展学生工作的策略

面对新形势下手机新媒体"风暴"的强势来袭，高校辅导员应主动适应，创新工作方法和内容，占领新阵地。

（一）提升自身的手机新媒体运用能力

工欲善其事必先利其器，辅导员要想在学生工作中将手机新媒体为我所用，就必须先掌握运用手机新媒体的能力。特别是较为年长的辅导员，对微信、易信、微博、直播等手机新媒体 APP 了解较少，要通过培训学习、同事交流、自我摸索等途径增强对手机新媒体功能的了解和运用，在生活、学习和工作中将手机新媒体的应用作为一门必修课，不断巩固、复习，争取早日融入手机新媒体学生大军中去。打铁还需自身硬，辅导员要想做学生手机新媒体舆论的引领者，首先要提高自身的媒介素养，增强自己对负面信息的辨别、免疫能力，让自己在手机新媒体的运用过程中主动发声、勇于发声、善于发声、有所作为。

（二）调动学生干部的新媒体积极性

学生工作说到底是做人的工作，是做学生的工作。面对手机新媒体中信息发布缺乏控制，虚假、暴力、黄色等不良手机信息泛滥、舆论导向偏差、大学生上课玩手机"上瘾"等情况，仅仅依靠辅导员的力量是远远不够的。青年学生有更多的时间、精力来关注运用手机新媒体，学生干部是青年学生中的佼佼者，他们不仅在现实生活中影响着广大同学的行为规范，在互联网中也引领着网络舆情的走向。相比辅导员，学生干部的新媒体运用能力更强，更容易获得第一手的学生思想动态。所以，辅导员要充分利用学生干部个个都有手机、人人会使用手机新媒体的优势，充分调动他们的主观能动性和行动积极性，架起连接广大学生和辅导员的纽带，让学生干部成为手机新媒体视域下网络思想政治教育的骨干力量。

（三）建立手机新媒体学生工作平台

在传统 QQ 通知群、院系微博平台的基础上，辅导员要结合新形势下高校学生工作的特点，运用手机新媒体建立学生工作平台。首先，辅导员可以指导学生建立以学生为主导的新媒体宣传平台，将院系新闻、党团建设、评奖评优、心理健康、安全教育、志愿服务和就业信息等学生工作按照模块进行分类设置，安排团委学生会相关职能部门对接管理，以院校官网信息为来源，汇聚学生智慧，以学生口吻对信息进行处理加工，转化为学生喜闻乐见的、图文并茂的新媒体形式，使网络思政更加贴近实际、贴近生活、贴近学生。其次，辅导员可以依据自己的职业规划方向创立公众号，开设辅导员工作日志、学生案例、优秀学生事迹和学生问题解答等板块，加强与学生的沟通交流，提升对学生、对同行的思想影响力。最后，辅导员要充分发挥新媒体平台对学生社团活动的宣传提升作用，将学生社团活动拓展到新媒体平台上，创新活动的内容和形式，形成线上线下无缝对接、相得益彰的局面，塑造社团文化品牌，提升社团文化品位和校园文化地位。

四、结语

手机新媒体在青年大学生中的广泛应用将高校学生工作推向了一个崭新的时代，辅导员要争当新媒体时代的弄潮儿，准确把握手机新媒体的特点，提升手机新媒体的运用能力，抓住手机新媒体给当下做好学生工作带来的新机遇，更加高效地将其运用到学生的日常教育管理服务中去，让手机新媒体成为辅导员做好大学生人生导师和知心朋友的好平台、好伴侣，为广大青年学生点亮理想的灯，照亮前行的路。

【参考文献】

［1］中共中央办公厅，国务院办公厅.《关于进一步加强和改进新形势下高校宣传思

想工作的意见》[J]. 中国高等教育，2015（Z1）：6—8.

[2] 习近平. 把思想政治工作贯穿教育教学全过程　开创我国高等教育事业发展新局面 [N]. 人民日报，2016 – 12 – 09（1）.

[3] 第39次《中国互联网络发展状况统计报告》发布 [J]. 新闻战线，2017（3）：146.

[4] 靳博. 新媒体下大学生的"心"变化 [N]. 人民日报，2014 – 08 – 07（14）.

[5] 饶华. 新媒体背景下大学生思想政治教育的创新策略 [J]. 中国高等教育，2014（18）：40—41.

[6] 陈燕，李天龙. 社交与教育功能视角下的微信传播 [J]. 现代教育技术，2015（7）：120—126.

[7] 董卿. 打动人心的不是嘉宾光环而是文化情怀 [N]. 文汇报，2017 – 04 – 12（10）.

华侨大学　a. 计算机科学与技术学院　b. 保卫处　c. 社会科学研究处

在社会主义核心价值观引领下
助推大学生中国梦实现

——以福建四所高校为例

孙君芳

摘　要： 社会主义核心价值观的培育与中国梦的实现辩证统一于中国特色社会主义伟大实践。大学生群体作为中国梦的主要践行者，其实现过程离不开社会主义核心价值观的引领。在对福建省四所高校调研中发现，各个高校虽然积极地倡导中国梦，但教育方式、效果与设想存在差距。在借鉴成功经验、结合时代特征基础上，提出从理论教育、实践教育及新媒体建设三个方面提升中国梦的教育实效。

关键词： 社会主义核心价值观；中国梦；实现

党的十九大报告提出："发挥社会主义核心价值观对国民教育、精神文明创建、精神文化产品创作生产传播的引领作用，把社会主义核心价值观融入社会发展各方面，转化为人们的情感认同和行为习惯。"培育和践行社会主义核心价值观，对于实现中国梦具有特殊而重要的现实意义。大学生是祖国的未来、国家的希望，是中国梦的主要践行者，是实现中国梦的主力军，在大学生群体推进中国梦的实现离不开社会主义核心价值观的引领。

一、中国梦与社会主义核心价值观的内在关联

中国梦与社会主义核心价值观是有内在关联的，这在学术界已有相关著述①。二者之间存在密不可分的内在联系，并辩证统一于中国特色社会主义的伟大实践，具体分析如下。

1. 社会主义核心价值观的培育是中国梦实现的思想基础。任何远大的理想变成现实都不是一朝一夕的事情。实现中华民族的伟大复兴，坚持走中国特色社会主义道路，是一个长期而艰难的复兴之路、追梦之旅。社会主义核心价值观糅合了中国传统文化精髓和社会主义价值基本要求，是引领大学生坚持走社会主义道路的精神力量，是中国梦实现不可或缺的价值核心。对于高校大学生而言，社会主义核心价值观作为中国特色社会主义建设的重要精神指引，其形成有利于进一步牢固在校大学生团结奋斗的思想道德基础，形成大学生奋发向上的精神力量和团结和睦的精神纽带，为推进中国特色社会主义建设提供精神动力支持。

2. 中国梦的实现是社会主义核心价值观培育的最终目标。中国梦旨在把个人的利益与国家、民族利益紧紧地联系成为一个共同体，由伟大光荣正确的党带领全国各族人民通过努力奋斗实现社会主义现代化。社会主义核心价值观中的"三个倡导"涵括了国家、民族、人民的价值目标，亦是中国梦的价值追求和价值目标的集中展现。在社会主义价值观的引领下，能够让大学生清晰其人生的价值追求与价值导向，并最终实现个人梦，实现中国梦。

3. 中国梦的实现过程是社会主义核心价值观培育的实践过程。在国家层面上，中国梦所要实现的就是国家富强、民主、文明、和谐的现代目标；在社会层面上，中国梦所要实现的就是自由、平等、公正、法治的现代化社会；

---

① 北师大刘川生（2013）教授认为，社会主义核心价值观是中国特色社会主义在思想文化上的最鲜明标记，实现中国梦离不开社会主义核心价值观的思想保证。要以改革创新精神践行社会主义核心价值观，用共同价值导向引领大学生把青春梦融入中国梦。详见《在大学生中培育和践行社会主义核心价值观为实现伟大"中国梦"提供重要思想支撑》，《思想教育研究》，2013 年第 6 期，第 8—13 页。

在个人层面，中国梦所要实现的就是塑造爱国、敬业、诚信、友善的文明公民。大学生个人梦的追求过程也是培育和践行社会主义核心价值观的过程，也是塑造爱国、敬业、诚信、友善的文明公民体现。因此，社会主义核心价值观的践行必须与实现中国梦协调推进，以社会主义核心价值观铸就大学生圆梦的平台。

二、福建省四所高校调研数据分析

基于以上分析，结合当前高校思想政治教育的热点，开展关于中国梦教育方式的问卷调查，此次问卷调查群体主要针对厦门大学、福州大学、福建师范大学及华侨大学在校大学生。目的是通过问卷形式了解目前高校大学生在价值多元化背景下对中国梦和社会主义核心价值观的掌握情况。问卷结果分析如下：

（一）基础概念了解情况

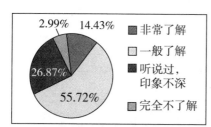

图 1　对中国梦的了解情况

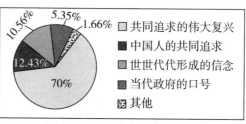

图 2　对中国梦内涵的理解情况

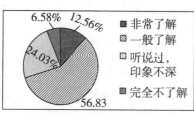

图 3　对社会主义核心价值观的了解情况

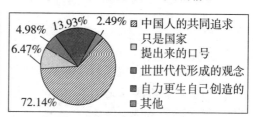

图 4　对社会主义核心价值观内涵的理解情况

就"对中国梦的了解"而言（图1），仅有14%的学生对中国梦是非常了解的，仍有27%的同学只是听说过，对此并没有很深的印象，甚至有3%

的学生对此完全不了解。而关于"对中国梦内涵的理解"（图2），大部分学生能准确认识到中国梦应该是中国人共同追求的梦。就"对社会主义核心价值观的了解"而言（图3），仅12.56%的学生对社会主义核心价值观非常了解，近31%的学生不了解社会主义核心价值观。在"对社会主义核心价值观内涵的理解"上（图4），大多数同学认为是中国人的共同追求。

以上数据说明，高校大学生对中国梦和社会主义核心价值观整体了解还是不多，虽然有一部分学生能够准确理解二者的内涵，但仍有30%的学生对中国梦及社会主义核心价值观的理解不够准确。这充分说明了宣传中国梦及社会主义核心价值观的必要性。对于中国梦及社会主义核心价值观这种抽象概念，更应该进行一些创新宣传，实现崇高性与大众化相结合，以让更多在校大学生接受。

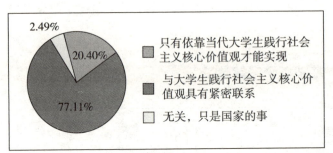

图5　大学生践行社会主义核心价值观与更好地推进中国梦实现的关系

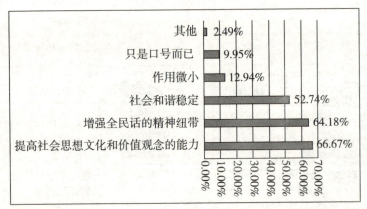

图6　社会主义核心价值观的培育对推进中国梦实现的作用（多选题）

（二）中国梦及社会主义核心价值观二者关系认知情况

关于"大学生践行社会主义核心价值观与更好地推进中国梦实现的关系"（图5）上，仅20%的大学生认为二者密不可分，缺一不可。关于"社会主义核心价值观的培育对推进中国梦实现的作用"选择上（图6），也有近13%的大学生认为"社会主义核心价值观"的作用微小，甚至有近10%的学生觉得这只是在空喊口号，并没有起到什么作用。在提及"在国家大力倡导大学生践行社会主义核心价值观以更好地实现中国梦的背景下，您会怎么做？"有59%学生表示愿意响应国家号召，从小事做起。

这些数据反映了目前社会主义核心价值观教育中存在的问题。在大学生群体推行社会主义核心价值观是为了让他们树立正确的人生观、世界观、价值观，从而提升人生的高度，才有利于实现青春梦。然而如果盲目地进行概念化、思维化的传统教育，则让学生不愿接受社会主义核心价值观的精髓，对其反感，甚至是排斥。因此除了加强宣传基础概念教育外，创新的推行方式和方法才能使二者的核心内容深入人心。

（三）四所高校采取的教育方式及教育效果情况分析

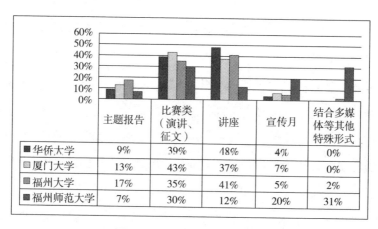

	主题报告	比赛类（演讲、征文）	讲座	宣传月	结合多媒体等其他特殊形式
华侨大学	9%	39%	48%	4%	0%
厦门大学	13%	43%	37%	7%	0%
福州大学	17%	35%	41%	5%	2%
福州师范大学	7%	30%	12%	20%	31%

图7　四所高校宣传方式比例

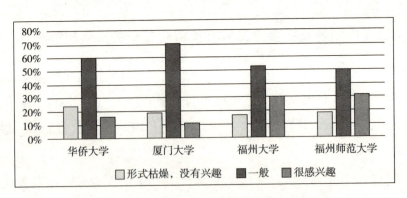

图 8　大学生对于高校开展相关主题活动的兴趣度

调查中发现，各高校采取的宣传方式虽然多样，但效果却不尽理想。主要局限于演讲、征文比赛、讲座等过于文字化、书面化的教育方式。如图 7、图 8 显示，厦门大学和华侨大学较少采取其他形式的宣传，其学生对于学校开展主题教育活动的兴趣度也比较差。而较具有特色的宣传方式如结合时代信息化特点开展线上主题活动等则取得较大突破。如：福州大学校团委全面开展以"我与中国梦"为主题的网络图片展、微博讨论倡议周等多项活动。福建师范大学于 2013 年 3 月启动"中国梦我的梦"主题教育活动，其中"微博共话中国梦"成为中国梦主题教育活动的一大亮点，发动学生通过文字、图片、视频等多种形式发送微博，晒出自己的中国梦，在学生中反响热烈[1]。福建师范大学校团委微博在 2013 年年度中国大学十大团委官方微博，影响力全国第一[2]。福建师大通过微博构建"五微五阵地"形式服务青年学生成长成才，受到福建省省长的充分肯定。在福州大学、福建师范大学，学生对于学校开展的中国梦教育活动兴趣度也比较大。

这些数据证明了虽然各个高校积极地倡导中国梦及社会主义核心价值观，但宣传教育工作如果没有结合时代特征，结合教育对象并落实到具体的教育对象上，活动效果将大打折扣。

中国梦的实现依赖于众多个人梦的实现，大学生作为实现中国梦的主力

---

① 详见中国新闻网 2013 年 3 月 20 日报道。
② 详情请参考《福建日报》2014 年 1 月 14 日第 11 版。

军，其价值导向、价值判断、价值选择正确与否直接影响中国梦的实现。当前，在市场经济影响下多种文化思想的交替出现、不断碰撞，大学生的理想信念出现了由一元化向多元化发展的趋势。在这种趋势下，诸多大学生出现了选择恐惧症，在面对各种社会思潮和理想信念主张时，不知道该如何做出选择，或者不知道该去相信和坚持哪种选择，从而陷入了迷茫或者随波逐流的状态，出现"信仰危机"。因此，基于现实大学生思想政治教育的需求，如何将崇高的理论与大众需求进行接轨，如何将远大的发展目标与教育个体的细微结合，需要在具体的教育方式方法上进行时代创新。

三、在社会主义核心价值观引领下提升中国梦教育实效

（一）以"三个倡导"推进中国梦理论教育

如前所述，在多元化的时代特征下推进中国梦实现的过程中，社会主义核心价值观应发挥其价值导向作用，引导大学生的价值取向、价值判断。因此以"三个倡导"引领大学生中国梦教育是高校思想政治教育的重要内容。

首先，倡导"富强、民主、文明、和谐"，明确中国梦的国家目标。在多元化的时代特征下，大学生中出现个人主义、虚无主义滋生的倾向，迫切需要明确中国梦的国家目标，确保大学生价值观教育有着正确的目标导向。在高校提倡"富强、民主、文明、和谐"的社会主义核心价值观，可以让大学生正确认识中国梦与个人梦的关系，"富强"的物质基础、"民主"的政治环境、"文明"的精神文化、"和谐"的社会环境是个人梦实现的重要条件。

其次，倡导"自由、平等、公正、法治"，明确中国梦的社会向导。"自由、平等、文明、和谐"是人类社会的美好追求，集中体现了社会主义的价值取向，是中国梦的社会价值导向。良好的社会环境，才能为个人梦的实现提供基础，才能助力民族大梦的实现，大学生是社会的一员，"自由、平等、公正、法治"是实现个人梦的重要影响因素。

第三，倡导"爱国、敬业、诚信、友善"，明确中国梦的行为准则。"爱

国、敬业、诚信、友善"是从微观角度对公民个人做出的要求，因而可以引导大学生将行为准则内化为个人的行为规范，可以让大学生明确生活中的行为准则，认识到行为准则规范对"个人梦"实现的重要性，从而提升综合素质，促进"个人梦"的实现。

（二）用"三个倡导"引领实践教育，推进中国梦的大众化

列宁曾说："最高限度的马克思主义＝最高限度的通俗化。"因此高校中国梦教育如何做到贴近学生、贴近生活、贴近实际，使中国梦教育生活化、大众化，真正内化成大学生的价值追求，成为大学生的价值动力来源。除了扎实有效的理论教育基础外，高校应将实践教育作为理论教育的延伸和巩固，这一点已经获得广泛认同。但具体各高校执行效果有差，根据前期的调研，结合部分成功经验，我们认为，实践教育要结合专业特点和以学生活动为依托开展中国梦教育的方法创新。

首先，开展结合专业特色的中国梦教育活动，可以以学院为活动主体，让学生利用专业特色开展特色中国梦活动。如针对美术学院学生，可采用绘制活泼易懂、贴近学生生活的动漫卡通或动漫视频等形式教育。如 2013 年10 月互联网出现一个题为《领导人是怎样炼成的》的动漫视频，首次用动漫卡通人物形式来展现国家领导人形象，向世人介绍了中国的政治制度。若用这一视频向美院学生宣传介绍中国政治制度也能让学生欣然接受，同时亦能对学生的专业有所启发。此外如《团宣漫画——感悟十八大》也有同样的教育效果。在针对软件学院学生教育上，可以结合专业特色，如设计中国梦知识竞答闯关游戏 APP 比赛，将理论融入游戏之中，实现中国梦教育的大众化。2014 年 5 月一款名为"2048"的游戏受到青年学生的追捧，华侨大学的学生以该游戏软件为雏形，设计"华大版 2048"在华大校园内也广为流传。对建筑学院学生，可以开展以中国梦为主题的建筑模型设计大赛，在此过程中，将专业梦与中国梦结合在一起，实现个人梦与中国梦的完美结合等等。

其次，以学生活动为单位，融入中国梦和社会主义核心价值观教育。如在心理服务方面，以班级为单位，组织开展价值观、中国梦团体教育活动，

利用心理学的特点，从认知、情感、行为三个维度展开，通过心理游戏等活动了解大学生价值观取向，并进行引导，如表1所示：

表1

主题	目的	主要内容
认识社会主义核心价值观	认识社会主义核心价值观的内容及意义	热身：幸福拍手歌 活动引导：价值观拍卖 基本概念阐释：核心价值观内涵 头脑风暴：核心价值观与主流价值观的异同

在学生志愿服务引导上，除了"雷锋月"敬老院活动，可以开展落实到志愿者身上的志愿行动。如我校学生在近两年来开展的"六一圆梦行动"对学生的教育意义颇大。一方面让志愿者通过开展"我的梦"主题班会，引导互助的小学生思考自己的梦想，同时，志愿者通过认领小朋友的小小心愿，帮助实现小朋友的"六一梦"，奉献自己的爱心。通过活动潜移默化地让学生理解中国梦与个人梦的内涵。在就创业服务上，通过开展简历大赛、创业设计大赛和模拟应聘大赛等，将大学生的梦想结合起来，共筑中国梦。

（三）创新微信平台，推进中国梦的生活化

新媒体的发展既给大学生中国梦教育带来了负面影响和严峻挑战，也为其教育方法的创新提供了新的环境和机遇。如今一些高校开设红色网站、红色论坛等等，将当前的时政信息和热点在网站上及时公告和普及，但这些网站的关注度相对较低。在调研中发现，目前大学生更倾向移动网络的应用，如微信、各种 APP 等。结合时下大学生生活特点，有必要针对这一群体开设专门的微信平台建设，以助推中国梦教育的生活化。

在平台建设上，可以推送版块如"梦推送""我的中国梦""梦时事""专业微视野"等等，资料信息的来源可以由各班轮流交稿，强调大学生群体的参与，发挥学生最大的主动性，并根据专业特点、结合时事热点，由专业小组管理微信平台，定时推送稿件，具体见表2：

表2

时间	版块内容	主要内容	内容来源
周一	【梦时事】	中国梦	各班轮流交稿
周三	【我的中国梦】	关于"个人梦"	各班轮流交稿
周五	【梦推送】	"中国梦"活动动态	各班轮流交稿
周六	【党缘故事】	推送优秀共产党员先进事迹	各党支部轮流交稿
周日	【专业微视野】	专业相关资料推送	各班轮流交稿

具体各个板块内容如下。"梦时事":主要推送有关于中国梦的时事热点,如"纪念国庆、校庆""两会"等时事热点,关注时事政治,了解国内外政治氛围,了解中国梦内涵。"我的中国梦":主要让学生晒出自己的"中国梦、个人梦"等,促进大学生对"个人梦"与中国梦的理解,将"个人梦"的实现与中国梦相结合。"梦推送":可以推送各班、各专业及学院、学校开展关于中国梦的活动,让大学生及时了解学校的活动动态,并积极参与进来。"党缘故事":通过推送优秀共产党员先进事迹,鼓励大学生学习先进党员精神,提高自身素质,从自我做起,在实际生活中感受社会主义核心价值观的影响,积极投身于中国梦实现的伟大实践中。"专业微视野":利用学院专业特点,推送专业学习手册,考证、考研、专业书籍等信息,提高大学生的专业素养,为实现"个人梦"奠定基础。

高校思想政治工作必须创新地将中国梦的理论教育与实践教育进行有机结合,将实现中国梦理论崇高性与大众化进行有机统一,并抓住新媒体时代契机,创新开展主题教育,在社会主义核心价值观"三个倡导"下促进中国梦的目标实现。

【参考文献】

[1] 习近平总书记深情阐述"中国梦"[N].人民日报,2012-11-30.

[2] 刘川生.在大学生中培育和践行社会主义核心价值观为实现伟大"中国梦"提供重要思想支撑[J].思想教育研究,2013(6):8—13.

[3] 邓福蓉."中国梦"视域下大学生社会主义核心价值观教育重点和方法创新

［J］．学校党建与思想教育，2013（4）：83—85.

［4］王晓曦．论社会思潮冲击下中国梦话语权在青年大学生群体中的确立［J］．思想理论教育导刊，2016（2）：93—98.

［5］张治国．利用互联网开展大学生中国梦宣传教育的实践启示［J］．思想理论教育导刊，2014（5）：132—135.

［6］查方勇．高校开展"中国梦"主题教育实效调查——以陕西五所高校为例，思想理论教育导刊［J］．2016（1）：138—141.

华侨大学　经济与金融学院

政治认同：内地高校
港澳学生国家认同的核心[*]

王潇斌[a]　骆文伟[b]

摘　要： 港澳学生国家认同教育一直以来备受关注。政治认同是内地高校港澳学生国家认同的核心，"一国两制认同"则是政治认同的关键。因此，需要正确把握港澳学生政治认同的含义与趋势，深刻认识"一国两制"认同在政治认同中的关键地位，通过深化改革开放，维护公平正义，注重信念教育，树立共同理想，拓宽育人平台，加强沟通交流等方式加深港澳学生对"一国两制"的理解和认同，进而增强港澳学生的政治认同，最终实现提升港澳学生国家认同的目的。

关键词： 政治认同；"一国两制"；港澳学生；国家认同

2016 年春节期间，香港旺角爆发警民冲突，香港本土派激进分子对法律的无视、对香港核心价值的肆意践踏以及对香港社会的无情无义令人深恶痛绝。然而更令人震惊的是，事后香港 8 所院校的学生会陆续发声明"撑暴乱"，叫嚣"全民起义"。继"占中"事件后，"本土主义""去中国化"和

　* 基金项目：福建省社科基金项目"海西高校港澳台学生国家认同实证研究"（编号：2014B055）；福建省思想政治工作研究重点课题"海西高校港澳台学生国家认同实证研究"（编号：闽政研 2014—A9）。

"港独"在部分香港大学生中仍阴魂不散，对香港经济政治生活产生了巨大冲击。因此，在新形势下，内地高校在实施认同教育时，需要正确把握港澳学生①政治认同含义与趋势，深刻认识"一国两制"认同在政治认同中的关键地位，以政治认同增强港澳学生的国家认同。

一、港澳学生政治认同的含义与趋势

当前学术界对于港澳学生政治认同的界定尚无定论，更多的是对于政治认同这一概念的阐述和论证。"认同"一词最早运用于心理学研究，奥地利心理学家弗洛伊德认为："认同是一个心理过程，是个人向另一个人或团体的价值、规范或面貌去模仿、内化并形成自己的行为模式的过程，认同是个体与他人有情感联系的原初形式。"[1]美国政治学家罗森鲍姆在《政治文化》一书中提出"政治认同，是指一个人感觉他属于什么政治单位（国家、民族、城镇、区域）、地理区域和团体，这是他自己的社会认同的一部分。这些认同包括那些他感觉要强烈效忠、尽义务或责任的单位和团体。"《中国大百科全书—政治学》对于政治认同的界定是："人们在社会政治生活中产生一种情感和意识上的归属感。它与人们的心理活动有密切的关系。人们在一定的社会生活中，总要在一定的社会联系中确定自己的身份，如把自己看作某一政党的党员、某一阶级的成员、某一政治过程的参与者或某一政治信念的追求者等等，并自觉地以组织及过程的规范来规范自己的政治行为。这种现象就是政治认同。"[2]

综上所述，港澳学生政治认同可以界定为：港澳学生在社会政治生活中所产生的对自我政治身份的确认和对所属政治体系的情感归属，并基于一定的利益需求和价值取向，对所属政治体系所作出的肯定的价值判断、确定自己的政治立场而表现出的积极、主动的政治实践活动。由此可见，港澳学生政治认同不仅是一种意识范畴，也是一种实践范畴，具有显著的特征。

---

① 本文所指的港澳学生特指内地高校港澳学生。

认同是由人类自己创造的一个动态的、没有终点的过程[3]。港澳学生的政治认同不是固定不变的，会随着环境的不同而发生变化。香港回归之后，香港民众在法理上完成了从英国殖民统治下的子民到中国公民的转变。就理论而言，香港民众的国家认知在制度层面上也完成重塑。但实际上并非如此，特别是近年，这种法理与事实上的不同步更为明显，主要表现在两个方面：

（一）群体意识的复苏和上扬

以 1997 年和 2013 年数据作为对比，认同自己是"香港人"和"中国的香港人"的香港民众，比例分别由 34.9%①、22.9% 上升到 37.8% 和 24.3%，而与之相反的是认同是"香港的中国人"的比例由 18.9% 下降到 12.0%。总体上说，认为自己是"香港人"或"中国的香港人"的比例达到了 62.1%，相比增长了 4.3%；认为自己是"香港的中国人"或"中国人"的比例由 37.1% 下降为 34.9%。由此可见，民众对"香港人"的认同呈现上升的趋势，"中国的香港人"基本在 25% ~ 33% 这个区间内波动。这一定程度上反映出香港民众的群体自我意识的上扬可能性。相比之下，香港民众对"香港的中国人"的认同一直处于较低的水平，对"中国人"的认同也徘徊在三分之一左右，这也折射出香港民众中国人认同的犹豫心理。

（二）信心指数的波动和下跌

香港民众对中央政府和香港特区政府的信任和信心度，以及对香港特区前途及"一国两制"的信息指数波动明显，出现全面下跌，部分更跌至新低。在对中央政府的信任度上，持肯定态度的仅为 25%，而表达对中央政府的不信任者高达 45%，是自香港回归之后的最高值。对"一国两制"政策的信任度上，相信与不相信的民众各为 47% 左右，大概持平，信心净值为零，这是 1996 年 8 月之后，首次再度挂零。由此可见，香港民众的政治认同状况令人忧虑，特别是香港市民对"一国两制"的信心净值归零，更为接下来的

---

① 本文数据来自香港大学民意研究中心，http://www.hku.hk/research/c_centres_institutes.html.

认同教育工作提出了新的挑战。究其原因，一方面近年来内地经济迅速发展，使得香港民众的优越感逐步下降，加之与内地游客的冲突，更是一定程度上引起香港民众反感；另一方面是价值观念上的冲突。具体来说，部分香港民众往往认同文化上的中国，却不认同政治上的中国，即对中华人民共和国无法真正认同，正如有学者指出："香港有相当部分人士除了长期受西方价值观影响外，对中国大陆的社会体制深深疑惧。在有些人心目中，只认同文化上、历史上的国家概念，排斥政治上即共产党执政的国家概念，不认同具体的国家中华人民共和国。"[4]

二、"一国两制"认同是政治认同的关键

由政改争议而爆发的"占中"运动是香港回归祖国18年来所发生的最严重的政治危机。作为主要参与者，香港大学生、中学生和年轻人在运动中表面上以"争取民主"作为自己的政治诉求，但实质上却是对"一国两制"制度的质疑，更是对中央政府权威的挑战和对特区政府的蔑视。因此，当前增强港澳学生的政治认同，关键是提升他们对"一国两制"的理解和认同。这主要是与"一国两制"政策在港澳民众政治认同中的特殊地位有着密切联系。

（一）"一国两制"与政治认同

政治认同涉及政策认同、政党认同、制度认同和价值认同等多个维度，其中政策认同是培养和维持政治认同的基础。政策是执政党和政府意志的表现，是执政党和政府在一定时间内为实现某种目标、完成某种任务而制定的策略、准则，是政治权力的具体表现。在现实生活中，政策常依托于政治权力，对人们的社会行为产生直接影响，也正因为如此，人们很容易对政策形成直观印象，对政策进行评价，借以表达自己对于政策的认同情况。一般情况下，如果某项政策能够符合多数港澳民众利益，那么该政策很容易得到港澳民众的拥护与执行，进而使得政治权力运作实现效益最大化，促进港澳民众对于执政党和政府的感情，最终实现增强政治认同的目标。

"一国两制"是为实现中国统一的目标而制定的创造性方针，"一国"是"两制"的前提。因此，就目前而言，增强港澳民众的政治认同，关键就是增强他们对"一国两制"的认同。只有首先在"一国两制"的理解上达成共识，港澳民众与中央政府才能有对话商谈的空间，否则双方将有可能陷入巨大的政治鸿沟中，在该问题上渐行渐远。这不仅是中央政府所无法容忍的，更不契合国家与香港特区的整体利益。

（二）"一国两制"的理解分歧

隐藏在政改争议背后的是对"一国两制"的理解分歧。一种是以香港为"独立的政治实体"为出发点的理解，另一种是以"中央授权下的高度自治"为核心思想的理解。前者在香港特区民众中迄今仍占据优势地位，后者则是中央政府一直以来所宣示的。

香港反对派虽然在表面上不否认"一国两制"，甚至"接受""一国两制"，但在实际行动和言论中却与此南辕北辙，把视香港特区为"独立的政治实体"奉承为对"一国两制"的"权威解读"，鼓动香港特区民众和国际社会舆情。当然，这并不意味着他们对"一国两制"的全盘否定，但在对"一国两制"核心问题的理解上，尤其是涉及"一国两制"的目标、香港特区的政治体制和中央与香港特区的权力关系等方面，完全与中央政府背道而驰。更令人遗憾的是，"独立政治实体"的主张在经过反对派有意地宣传引导下，不仅在香港特区社会中获得了话语权，还在相当程度上通过多种途径影响香港特区年轻人对"一国两制"的认知。

中央政府所主张的"一国两制"，核心是"中央授权下的高度自治"，其中囊括几个重要的政治原则，主要是：国家对香港特区拥有主权、中央对香港特区拥有全面管治权、香港特区的高度自治权力来自中央的授予、香港并不享有"剩余权力"、高度自治不等于完全自治、香港特区的政治体制的主导权和决定权属于中央、特区政府的政治认受性源自《基本法》和中央的任命、全国人大常委会拥有《基本法》的解释权、在"一国两制"下中央具有确保"一国两制"方针全面和准确实施的权力和责任、香港特区不可以成为

"颠覆"中央的基地等[5]。香港回归前，中央政府官员、学者在不同场合、不同时段不厌其烦地对这些原则进行讲述，其直接结果是使大部分港人明白并接受这些原则。但在回归之后，在"不干预"和"不管即管"的理念下，香港民众很难再听到来自中央和内地的发声。即使是反对派掀起一阵又一阵歪曲这些原则的浪潮时，中央和内地予以的驳斥也很有限，未能形成强有力的回击。久而久之，论述"一国两制"的话语权由中央政府转移到了反对派手上，这就使得香港的年轻人只能听到来自反对派对"一国两制"的阐释，无法形成对"一国两制"的准确把握和科学认知。

三、以政治认同增强港澳学生的国家认同

构建港澳学生政治认同的最终目的在于加深港澳学生对于祖国大陆的了解，增强港澳学生的国家认同，维护社会稳定，促进共同发展。虽然当前面临诸多挑战，但是仍可以做出一些积极尝试。

（一）深化改革开放，维护公平正义

经济基础决定上层建筑，增强港澳学生的国家认同，最根本上还是需要继续以经济建设为中心，深化改革开放，在经济发展新常态中走好每一步，坚持反腐倡廉，维护社会公平正义，提升港澳学生对党和政府的信任感与认同感。

1. 加强社会主义市场经济建设

经济发展是构建港澳学生政治认同的物质基础。一方面，需要"着眼于保持中高速增长和迈向中高端水平'双目标'，坚持稳政策稳预期和促改革调结构'双结合'，打造大众创业、万众创新和增加公共产品、公共服务'双引擎'，推动发展调速不减势、量增质更优，实现中国经济提质增效升级"；另一方面，需要准确把握处理好公平与效率的关系，对初次分配、二次分配加以完善，以共同利益为导向，主动调适不同阶层、行业、区域、群体间的利益矛盾和冲突，构建符合经济发展需要的社会保障体系。

2. 加强社会主义民主政治建设

民主政治建设为扩大巩固政治认同提供法律依据，也为从法制上增强港

澳学生政治认同度提供可能。一方面，把党的领导贯彻落实到依法治国全过程和各方面，坚定不移走中国特色社会主义法治道路，完善以宪法为核心的中国特色社会主义法律体系，建设中国特色社会主义法治体系，建设社会主义法治国家，以法律来为民主政治保驾护航，有序实现民主制度化和法律化[6]；另一方面，全面准确贯彻"一国两制""港人治港""澳人治澳"、高度自治的方针，严格依照宪法和基本法办事，完善与基本法实施相关的制度和机制，推动香港、澳门循序渐进发展民主，依法治理[7]，都将有利于港澳学生表达政治需求，参与政治活动，进而为增强政治认同提供可能。

3. 加强党和政府的自身建设

党和政府自身建设的不断完善有利于提升党和政府的公信力。一方面，要坚持全面从严治党，以党章为根本遵循，把党的政治建设摆在首位，思想建党和制度治党同向发力，统筹推进党的各项建设，抓住"关键少数"，坚持"三严三实"，坚持民主集中制，严肃党内政治生活，严明党的纪律，强化党内监督，发展积极健康的党内政治文化，全面净化党内政治生态，坚决纠正各种不正之风，以零容忍态度惩治腐败，不断增强党自我净化、自我完善、自我革新、自我提高的能力，始终保持党同人民群众的血肉联系[8]；另一方面，要建设法治政府，推进依法行政，严格规范公正文明执法，转变政府职能，深化简政放权，创新监管方式，增强政府公信力和执行力，建设人民满意的服务型政府[9]。

（二）注重信念教育，树立共同理想

实现国家富强、民族振兴、人民幸福的中国梦不仅是全国人民共同的梦想，也是每一位中华儿女实现个人价值和理想的梦。每一位港澳学生都有自己的梦，从某种程度上说，这也是中国梦的组成部分。以中国梦作为共同理想，加强对港澳学生的中国梦教育灌输，有助于港澳学生理解中国梦的独特内涵和价值本质，提升政治归属感，自觉维护国家统一。

1. 把握层次性

层次性是指教育内容与教育对象存在一定的区分度和差异性，需要有针对性地对其进行指导。港澳学生是一个社会群体，但在群体内部成员仍有区别，比如性别、年龄、思想成熟度上的差异。这就需要在对港澳学生进行教育时，根据港澳学生的不同层次需求，尊重人的发展规律和认识规律，提供针对性的指导。

2. 注重主导性

对港澳学生进行中国梦教育时，需要从两个方面体现中国梦教育的主导性。一方面是要将信念教育作为教育的主体，确立信念教育在港澳学生教育过程中的主导地位；另一方面，要将中国梦作为指导，利用中国梦的基本内涵引导港澳学生进行理想信念教育。

（三）拓宽育人平台，加强沟通交流

港澳学生政治认同的培育需要多管齐下，从学习、生活等与港澳学生密切相关的环境中着手，构建不同的育人平台，加强港澳生与内地生的沟通交流，帮助港澳学生在平台中成长，在交流中升华。

1. 发挥党团组织作用

高校统战部门可以通过茶谈会、专题讲座、联欢会等方式，丰富港澳学生的课余生活，也达到争取民心的目标。积极发挥学生党员、团员的先锋模范作用，组织学生党员、团员参与到港澳学生的活动中去，了解他们，融入他们，感化他们。高校团组织也应发挥组织、教育的作用，引导港澳学生积极参与到中国寻根之旅、中国文化夏令营等社会实践中，在实践中提升港澳学生的政治认同感。

2. 挖掘学生组织作用

学生组织是高校中不可忽视的群体，在增强港澳学生政治认同中发挥重要作用。通过学生组织开展社会调查、公益项目等实践类活动，能够帮助港澳学生走出校门，走入社区，走近群众，让港澳学生有更多机会亲身了解和体会，在实践中对祖国概况形成正确了解，对社会主义制度形成正确认识，为培养港澳学生的政治认同提供良好契机和有效平台。

3. 开展朋辈帮带计划

港澳学生到内地学习，在心理和生活适应上都需要一个过渡期。高校可以通过选拔培训一些政治素质高、专业知识强的高年级大陆学生来帮带港澳学生，对其学习、生活等方面所遇到的问题及时进行答惑解疑。这一批大陆学生不仅能够给港澳学生提供良好的示范作用，也能对港澳学生的思想动态进行及时反馈，帮助了解港澳学生的需求，并提供针对性的帮助，以实际行动感染港澳学生。

港澳学生政治认同是一个敏感问题，但不可否认的是，要提升港澳学生的国家认同感，以期最终实现国家统一，民族团结的目标，如何解决该难题亦是无法回避的。因此，在新的历史条件下，认真分析港澳学生政治认同的特征，从政治认同的角度思考港澳学生的国家认同教育问题，有利于提升港澳学生的国家认同感。

【参考文献】

[1] 梁丽萍. 中国人的宗教心理 [M]. 北京：社会科学文献出版社，2004：12.

[2] 中国大百科全书——政治学 [M]. 北京：中国大百科全书出版社，1992：501.

[3] Barker Chris. Culture Studies：Theory and Practice [M]. London：Sage Publication，2000：166.

[4] 王禹. 论"一国两制"理论的变与不变 [G] //当代中国政治研究报告（第11辑）. 北京：社会科学文献版社，2013：331.

[5] 刘兆佳. 政改争议及两种"一国两制"理解的"对决" [J]. 港澳研究，2015（2）：22.

[6] [7] [8] [9] 习近平. 中国共产党第十九次全国代表大会报告 [EB/OL]. (2017 - 10 - 18) [2017 - 11 - 11]. http：//cpc. people. com. cn/n1/2017/1028/c6409 4 - 29613660. html

华侨大学　a. 校长办公室　b. 马克思主义学院

多元文化背景下
艺术类大学生诚信教育研究

陈英文

摘　要：艺术类大学生诚信教育属于高校思想政治教育工作的重要组成部分，因此，思想政治教育的开展直接影响着高校艺术类学生诚信教育的成效、艺术类学生诚信观的形成。多元文化的背景给高校思想政治教育工作带来了机遇和挑战，也使得高校艺术类学生诚信教育面临现实的难题。全面分析高校艺术类学生诚信教育的现状和问题，提出完善高校思想政治教育促进艺术类学生诚信观养成的积极举措。

关键词：多元文化；艺术类大学生；诚信教育

随着社会的发展，艺术类行业对艺术专业人才要求越来越高，市场既需要有身体素质好、学习能力强的专业人才，更需要艺术类学生具有全面而良好的思想政治素质。多元文化背景下，各种思潮和文化的交融表现得尤为突出，对高校思想政治教育工作的开展既有机遇也有挑战[1]。艺术专业的特殊要求决定了对艺术类学生思想政治教育和诚信教育的特殊性和复杂性，艺术类学生良好的诚信观形成遇到了诸多的新情况和新问题。因此，全面分析高校艺术类学生诚信教育的现状和存在的客观问题，积极探索高校思想政治教育促进艺术类学生诚信观养成的有效途径，对艺术类学生的诚信教育具有十分重要的现实和理论意义。

一、艺术类大学生诚信教育的现状

（一）艺术类大学生思想状况与诚信教育现状

由于艺术方面的特长，大部分艺术类大学生自小在家长、老师夸奖和同学们羡慕的眼光中长大，存有与众不同的自我感觉良好的心理。进入大学后身边都是同类特长的同学，这种优越感便明显减弱，心理上的落差极易带来种种心理问题，逐渐产生不合群问题，不太去关注社会问题。他们只是将较多的注意力放在与个人利益相关的硬件设施、个人感觉上，而对于学校教学、专业设置与规划等方面仅有一些粗略的了解。另外，艺术类大学生对网络依赖程度较高。随着新媒体网络的运用，每天受到太多信息、新闻的轰炸，重大的新闻事件、社会问题反而渐渐淡出他们的视线。第三，艺术类大学生平时极为重视个人形象，在一定程度上产生了拜金主义的倾向，甚至有少数同学的价值取向存在根本错误，即认为金钱、权力、地位、名誉最能够彰显个人的价值。

当前高校的思想政治教育工作得到加强，教育方法和体系也在逐步创新、完善。思想政治教育工作的主体素质也有明显提高。但是，也应该发现，在凸显高校诚信教育重要性的同时，当前艺术类学生诚信的总体状况水平一般，大部分诚信水平较低和很低。他们热衷于自我设计、自我选择、自我发展，向往所谓绝对自由，对纪律教育乃至思想道德教育有极强的逆反心理，不同程度地忽视了集体观念和诚信意识。高校的诚信教育在诚信观确立和诚信行为养成的过程中，并没有起到应有的作用，并且对于诚信教育开展的效果并没有得到多数的认同[2]。

（二）存在的问题

1. 对艺术类大学生的诚信教育理念陈旧

学生工作的管理者对艺术类大学生思想政治教育工作重要性认识不充分，存在对于学生的管理突出"艺"，而轻视"德"的教育。在开展教育的形式上，没有针对学生鲜明的社会性和主观能动性这些特点，过于看重课堂理论教育，忽视日常生活学习中的教育，很大程度上也限制了诚信教育的进一步开展。

2. 对艺术类大学生开展诚信教育的环境不容乐观

在校园环境方面，思想政治教育和诚信教育无法跟上时代的变化，不能及时给予学生对于新产生的事物和现象认识的指导，使得学生无法分辨真假，盲目跟风，良好的校园文化无法形成。在师资环境上，思想政治教育师资队伍并未专业化，教师水平参差不齐，导致对诚信教育理解不够，影响教育工作的效果。在社会家庭环境上，高校、社会、家庭三者之间没有形成良好的结合，容易忽视社会、家庭在诚信方面对艺术类学生的教育力量。

3. 对艺术类大学生诚信教育的工作运行机制不够完善

在艺术类大学生的诚信教育活动开展中，符合学生切身需要的内容考虑较少。针对艺术类大学生诚信教育的监管评价机制缺乏，对教育措施的正确与否难以把握，造成教育实效性降低的后果。机制的不完善，导致对于不恰当的教育方法处理不及时，使得对学生诚信教育的质量大打折扣。缺乏监督使得教育工作者的积极性降低，学生对自身的要求和规范也会放松。缺乏与之相应的奖评机制，难以对违反诚信教育原则的行为进行处理，也不能对正确有效的诚信行为进行褒奖，不利于诚信教育的快速开展。

二、多元文化对艺术类大学生诚信教育工作的影响

当今社会的高速发展，信息流通越来越发达，文化的更新转型也日益加

快，各种文化的发展均面临着不同的机遇和挑战，新的文化层出不穷，造就了文化的多元化。

（一）多元文化对高校艺术类学生诚信教育工作的积极作用

首先，多元文化的交融打破了高校思想政治教育的隔阂，赋予其更多的开放性和灵活性，有利于丰富校园文化，作为艺术类学生必将在丰富的校园文化中获益良多。其次，与非艺术类大学生相比，艺术类大学生更富有主观能动性和积极创造性的活力，在多元文化的背景下，艺术类学生的思想境界更加开阔。最后，多元文化有利于艺术类学生个体精神的完善。艺术类大学生思想状态源于社会，他们的成长过程与社会的接触更多，社会的一切重大变革及其对青年学生的影响都会从艺术类大学生身上体现出来，而且比非艺术类学生更加明显。

（二）多元文化对高校艺术类学生诚信教育工作的消极作用

一方面，高校诚信教育的传统理念、内容和方法受到挑战。多元文化下的艺术类学生的个体意识增强，更加要求自由、个性、独立，使得诚信教育的传统理念受到冲击。教育内容上，多元文化对诚信教育的要求更加丰富、灵活，学生打破传统教育者掌握教育内容和信息的地位，通过各种方法获取信息，直接冲击着传统僵化的教育内容。教育方法上，以网络为主体的现代教育方法直接冲击着单一、传统的教育方法，要求高校诚信教育往多元、活泼、创新、现代的教育方法改进。另一方面，艺术类大学生的思想道德品质受到冲击。对艺术类学生来讲，自幼学习艺术类专业课较多，自我控制能力和心理素质不高，多元的文化环境对他们的理想信念、价值观念、道德素质都带来了冲击和挑战，使艺术类学生优良思想道德品质的形成和发展受到更多复杂因素的影响，也增加了教育者优化、创造高校诚信教育环境的难度[3]。

三、促进艺术类大学生诚信观养成的积极举措

（一）加强思想政治理论课对艺术类大学生的诚信教育

高校在教给艺术类学生专业知识，让他们掌握专业技能的同时，必须加强思想政治教育引导学生树立正确的三观。然而，诚信教育是一个复杂的系统工程，需要探索思想政治教育中诚信教育的开展，要求学校重视思想政治理论课的基础性作用，拓展思想政治教育的方法[4]。针对艺术类学生群体，可采用参与式道德实践教学法，尊重道德主体的自由意志，让他们通过自己的理智活动和实践获得道德上的成熟；根据艺术类专业和教学情况，把诚信教育融入专业课教学中，将思想品德教育和专业知识教育结合；增加艺术类学生诚信教育和文化素质教育内容，开设选修课程，进一步加强对学生的诚信及法律理论的教育。

（二）积极开展艺术类大学生在诚信教育中的实践活动

艺术来源于现实生活的感悟，再现感性的真实生活，它具有强烈的实践特征，艺术类学生更注重的是感性、直观的效果。在高校艺术教育的环境中，高校应该结合自身的实际情况和学校特色，譬如可开展艺术类学生诚信教育的主题演讲活动或系列活动，加强艺术类学生对诚信内涵的理解，增强他们的诚信意识。更重要的应该开展艺术类学生诚信实践活动。例如以诚信为主题的创作，让学生参与到社会生活中，亲身体验艺术来源于生活以及诚信对于立身安命的重要价值和意义。通过实践活动，将课堂上的诚信理论知识运用到实践中，增强学生对诚信的认知。

（三）建立良好的思想政治教育和诚信教育环境

高校良好的环境可以促进艺术类学生诚信教育，发挥教育的功能。首先，开展类似诚信校园为主题的内涵式教育活动，让广大学生普遍认识到诚信的

价值内涵，提升整个群体的诚信意识。其次，营造良好的校园文化氛围。通过校歌、校训、办学宗旨等各种富有艺术特色的校园文化载体，加强校园文化的建设，影响艺术类学生的思想和行为习惯。再次，优化艺术类师资队伍。要有的放矢地培养高校艺术类教师的思政政治和诚信素质，要求教育具有较高的诚信品质。最后，培养良好的家庭教育环境和社会教育环境。高校诚信教育过程中，家校要及时沟通交流，学校和家庭应对社会上出现的各种现象及时引导学生，社会也应该为学生诚信教育目的的实现承担相应的职责[5]。

（四）建立高校诚信监督管理机制

诚信教育效果的实现需要建立科学合理的诚信监督管理机制进行保障。首先，建立艺术类学生个人诚信档案。将学生在校期间的各种活动、基本信息、思想道德表现等情况客观地记录入档。第二，成立对学生诚信情况进行评估的部门，对学生的诚信行为进行量化，并将这一体系纳入学生综合素质测评体系中。第三，多种渠道建立健全学校诚信监督机制。学校可通过设立"诚信信箱""诚信举报电话"等多种监督途径关注公开学生的诚信情况，引导学生之间的互相监督作用。第四，建立健全艺术类学生诚信奖惩机制，对在诚信表现方面优秀的学生进行物质和精神上的鼓励，使之成为榜样，发挥榜样的作用。

综上所述，在多元文化背景下，高校在对艺术类学生进行诚信教育工作中，应该充分认识到艺术类学生既具有青年大学生的共性，也具有不同于其他类大学生的特性，注意把握学生特点，注重因人而异，有针对性地开展诚信教育。只有这样，才能真正发挥思想政治教育的功效，促进艺术类学生良好的诚信观的形成。

【参考文献】

[1] 郑新宇. 多元文化背景下的高校思想政治教育创新［J］. 当代教育科学，2012 (9)：25.

［2］司季勤．多元文化背景下增强高校思想政治工作实效初探［J］．山东省农业管理干部学院学报，2013（1）：46.

［3］齐卫东．论多元文化对大学生思想政治教育的挑战及对策［J］．河北师范大学学报（教育科学版），2008（6）：36.

［4］张其娟．思想政治工作在大学生诚信教育中存在的问题及对策［J］．思想政治研究，2009（2）：21.

［5］贾春淼．高校思想政治教育的重要课题——大学生诚信教育［J］．忻州师范学院学报，2007（6）：55.

［6］柴葳，郑丽平．党的十八大以来各地高校思想政治教育工作综述［N］．中国教育报，2016 - 12 - 7：1.

华侨大学　学生处

高校中外合作办学收费的
差异、成因与对策建议*

杨默如[a]　杨　烁[b]　廖月丽[b]

摘　要：从中外合作办学的发展视角，深入研究高校学费定价的现状和机理。首先，从国内外的文献综述来看，国内学者的研究主要聚焦于高校学费的属性及学费收取的方式，国外研究者则更多从基础理论角度阐析高校学费成因；其次，基于经教育部批准的所有我国中外合作办学机构的最新数据，从国内跨境合作办学的院校层次、奖励政策与学位授予情况等不同角度分别探讨学费的差异及其原因；再次，基于 QS 全球排名前一百的高校学生国际交流情况，从国外跨境合作办学的交流费用和奖励政策等方面进行了比较研究；最后，根据上述分析，提出对策建议，包括：中外合作办学应更重视社会捐赠、明确学费并公开财报、拓宽国际生源渠道、加快引进外方优质教育资源以及提高办学整体质量等。

关键词：学费定价；中外合作办学；跨境高等教育；奖学金；教育财政

---

　　* 基金项目：2017 年福建省本科高校重大教育教学改革研究项目"以马克思主义为指导的通识教育教学改革与实践"（项目编号：FBJG20170248）。

一、引言

（一）我国高等教育收费的演变与发展

自新中国成立后到 1988 年，各高校对学生实行的政策均为免费制。直到 80 年代后期，政府引领高等教育走向平民化，并对其进行了学费定价的改革，开始对学生收取学费，先后经历了部分收费和全面收费两个阶段，逐渐建立起与我国国情相符的高等教育收取学费的制度。在学费免费制期间，社会捐赠及资助微乎其微，财政拨款成为我国高校经费最主要、甚至是唯一的来源。此后，高校扩招、教学楼扩建、师资队伍扩容以及学校的一些教学配套设施如学生宿舍、食堂和图书馆的增加，使得政府作为教育经费的财政拨款已经不能够完全承担这些教育成本。

（二）我国中外合作办学的发展现状

改革开放以来，我国推行的"引进来，走出去"发展战略明显加快了各方面国际化的步伐，教育国际化也不例外。我国中外合作办学的模式、办学层次也日趋多元化和纵深化，招生人数的规模更是不断攀升。根据国家教育部发布的相关信息，截至 2017 年，全国经教育部直接审批或间接备案的中外合作办学项目和机构有 2096 个[①]。其中，从地域来看，覆盖面非常广，除了宁夏、青海、西藏之外的其他省份和直辖市均有中外合作办学机构或项目，从办学模式和办学层次来说，包括文学、法学、理学、工学及多种其他新兴学科，涵盖了专、本科及研究生层面。

中外合作办学是一种相对较高投入的教育形式，因此其学费定价问题也

---

① 中华人民共和国教育部. 中外合作办学监管工作信息平台，http://www.crs.jsj.edu.cn/，2017 年. 其中，教育部审批和复核的机构及项目名单截至 2017 年 8 月 18 日；由地方审批报教育部备案的机构及项目名单截至 2017 年 7 月 28 日.

尤为关键。那么，影响中外合作办学学费定价的因素有哪些？如何探索符合我国当前社会背景的中外合作办学学费定价机制？本研究旨在进一步探究这一主题。

二、文献综述与相关概念

（一）国内研究综述

1. 关于中外合作办学学费定价理论存在以下几种观点

（1）成本补偿理论。不论是普通高等教育还是中外合作办学都视为准公共产品，其成本应由受教育者本人、政府和社会共同承担。所以，中外合作办学的学费应是高等院校办学成本的部分比例，低于成本。

（2）价格机制理论。吴开俊（2009）认为高校的学费实质上是一种准价格机制[1]，体现着市场经济体制下进行商品或者劳务交换的价格，同时显现出一定的独占、专有的特点，即准公共产品中的私人产品性质。

（3）人力投资理论。许祥云（2006）认为，高校学费可以看作学生为自己今后长远发展的一种投资，学生在思维逻辑及其他方面所锻炼出的能力可以视为投资的直接收益[2]。

（4）学费与经费比率理论。黄晓波（2005）认为举办高等教育所需要的资金主要由收取的学费和财政拨款构成[3]，经费收入与学费收入之和为教育总收入。经费比率＝经费收入/教育总收入＊100%，学费比率＝学费收入/教育总收入＊100%，学费比率＝1－经费比率。

（5）信号传递理论。该理论由斯宾塞（1973）率先提出，并用这一理论分析劳动市场上以学历为信号来判断劳动力素质高低的状况[4]，这种理论同样可应用在教育领域。大学层次的高低是体现学生学习成绩是否优异的关键指标，也就是人才市场上甄别优秀应聘者的重要信号。

2. 对高校学费的收取方式一般可归纳为下面几种

（1）按照生均成本的适当比例收取。王善迈（2000）将高等教育视为一种"准公共产品",所收取的学费应视为其服务的一种成本分担[5]。闵维方(2009)从受教育者及其家庭事务角度研究高校办学成本分担比例则是采纳了投资与产出比较利益理论。

(2)依据教育服务价格形成的供求关系收费。一些学者认为学费高低取决于教育供求状况,谭章禄(2005)从理论与实际两个维度通过数学建模来验证学费与教育供求状况的关系[6]。范先佐(2000)则认为学费的制定实质上是一种准价格机制,会逐渐由政府拍板过渡为学校自主定价与政府定价相结合,使得学校在学费定价上逐步获得更大的自主权。

(3)以高等教育的收益率为基础收费。刘叶云(2006)认为在学费定价过程中要考虑个体通过对教育进行资金的注入进而获得预期补偿的影响,同时考虑不同地区、学校以及专业的区别进行差异化定价[7]。靳希斌、郑晓鸿(1999)认为,高等教育作为准公共产品,应通过考虑受教育者的比较利益来确定是否对受教育者进行成本补偿以及成本补偿的比例[8]。

(4)通过认真评估各种可能的原因收费。王康平认为学费制定的标准应考虑各种因素,避免只依赖某一个特定的依据。柯估详则考察了高校学费的多个相关因素,比如进行高等教育所需的代价、受教育者与其家庭的经济实力以及人才市场的供需结构等。

(二)国外研究综述

经济学家萨缪尔森于1954年提出"公共产品"理论,布坎南后来对"准公共产品"进行定义。因考虑高等教育显现出的多重性质,将其归类为"准公共产品",高校经费由财政和个人共同承担,这也是教育理论界的主流观点[9]。同时,也有许多学者认为教育有很强的正外部性,各层次和阶段的教育所具有的公共性质和私人性质也存在着差异。经济学家西奥多·W.舒尔茨(1990)认为学费相当于现在对于教育的一种投资,由此提出了"人力资本"理论。受教育者通过对教育进行注资形成了人力资本,在将来很可能获得较高收入。从目前看来教育是一种消费活动,但从长远看,的确是可以为人带来可观收益的投资活动,故教育机构应该向学生收费[10]。约翰·斯通

（1986）认为不管在什么样的国家体制或社会中，高校经费都应该遵循能力支付原则和利益获得原则由财政、受教育者个人及家庭、纳税人和高校共同分担[11]。Ben Jongbloed（2004）认为学费不同于一般的商品或服务的价格，而是更像一种"准价格"[12]。约翰·S. 布鲁贝克认为学费定价是高校运行管理的重要部分，而高校自身的管理者才最清楚教育运营和发展情况，因而，高校有理由作为学费定价的主体之一。

从以上分析可以看出，国内学者的研究主要集中在对高校学费的属性及学费收取的方式上，国外研究者则更多地关注从基础理论分析角度探讨高校学费。总的来看，学者们对于高校学费定价机制的认识相对全面，而对于学费定价的影响因素分析则没有一个统一的认识。对于中外合作办学来说，造成学费定价差异的原因更是多种多样，而学术界对于这一方面的研究尚少，因此，本文在参考前人学术成果的基础上，对其作进一步探讨。

（三）相关概念

1. 中外合作办学

2003 年 3 月 1 日通过的国务院令第 372 号《中华人民共和国中外合作办学条例》明确指出了中外合作办学的定义，即外国教育机构与中国教育机构在中国境内合作举办以中国公民为主要招生对象的教育机构的活动。2004 年 6 月 2 日中华人民共和国教育部第 20 号令《中华人民共和国中外合作办学条例实施办法》指出，中外合作办学项目是指中国教育机构与外国教育机构通过不设立机构的形式，在课程、学科和专业等层次上合作进行的以中国公民为主要招生对象的教育活动。

可见，中外合作办学可定义为中国教育机构与外国教育机构在中国境内合作进行的以中国公民为主要招生对象的教育活动。目前，我国中外合作办学包括中外合作办学机构和中外合作办学项目两种形式。第一种，中外合作办学机构包括不具有法人资格的中外合作办学机构和具有法人资格的中外合作办学机构。前者是指虽然拥有完整的组织结构、师资队伍及办学制度，但不能独立承担民事责任的中外合作办学机构；后者是指所建立的中外合作办学机构独立于原来母体的教育机构，能独立承担民事责任并独立进行财务核算，具有完整的组织结构和师资队伍。第二种，由于操作上更具便利性且是作为向机构实体过渡的准备阶段，中外合作办学项目更为多见，主要体现在师资和课程的引进，通常和高校中原本就有的项目并存。在项目进行过程中，办学者通常会将教育过程分解成几个部分，受教育者可以在我国境内高校和境外合作高校分别接受教育，就是通常所说的"双校园"即"2＋2""1＋2＋1"和"3＋1"等常见模式。

2. 学费

高等教育学费的定义主要取决于高等教育的性质。根据公共产品理论，通过区分产品所具有的外部性以及在消费上是否具有完全的或者局部的排他性和竞争性，将社会上的产品划分为私人产品、公共产品以及混合产品（也称为准公共产品）。高等教育属于"准公共产品"，其学费可被视为高等教育服务的价格；中外合作办学亦然。

三、国内跨境合作办学情况及其学费比较研究

我国境内与境外高校在教育方面的合作始于改革开放之初，迄今已近 40 年。目前全国经有权审批机关批准设立或举办的中外合作办学机构和项目有 2403 家[1]，其中经教育部批准的本科及以上学历层次的中外合作办学机构仅有 66 家[2]，而高职高专、高中层次的国内外合作教学项目则占据绝对主体部分。本文以本科以上院校的中外合作办学模式为研究对象，选取最新的经教育部批准的全部本科以上中外合作办学机构的学费标准作为数据样本。首先将中外合作办学机构细分为法人机构和非法人机构两大类；其次，根据院校层次、奖励政策和学位授予情况进行不同角度的对比；最后，对不同类别机

---

[1] 2016 年 7 月 21 日，《人民日报》发布了我国首份《中外合作办学发展报告》。

[2] 2016 年 7 月，教育部中外合作办学监管工作信息平台公布《教育部批准的本科中外合作办学机构名单》，http://www.crs.jsj.edu.cn。

构的学费差异作简要的归纳总结。

（一）法人与非法人中外合作办学机构

作者本意是对法人中外合作办学机构和非法人中外合作办学作为两大类进行整体的对比，但考虑到后者又可根据院校属性细分为"985"高校举办的、"211"高校举办的和省属普通高校举办的不具有法人资格的本科中外合作办学机构，并且这三类机构办学水平、发展情况差异较大，只有"985"高校的中外办学机构在办学规模、成熟程度、合作的外方院校层次以及引进的教育资源上，与法人中外合作办学机构更为接近，因此在这里先选取"985"高校的非法人中外办学机构作为代表与法人中外办学合作机构进行对比；在后文中会对其他非法人机构按照院校属性另作比较分析。

1. 从学费标准看，两者学费水平都普遍较高，法人机构学费相对更高。从国内就读的情况来看，本科教育层面，法人中外办学机构学费普遍在8万元/年以上，上海纽约大学达到10万元/年，而最低的昆山杜克大学也有24400元/年；"985"高校举办的不具有法人资格的本科中外合作办学机构里学费最高为浙江大学伊利诺伊大学厄巴纳香槟校区联合学院，国内学费为12万元/年，中山大学中法核工程与技术学院前四年学费只有5160元/年，大多数在3万元/年以上。

2. 从奖励政策看，两者的奖学金都丰厚，本科阶段法人机构的额度更高。法人中外办学机构的单项奖学金基本都在1万元以上，其中香港中文大学（深圳）的奖学金最高额度达到了12万/年，可完全抵免学费；昆山杜克大学的全额奖学金为24400元/年，与境内生学费相同；上海纽约大学对于中国学生（含港澳台生）助学金额度最高达到了5万/年，相当于学费的一半。非法人中，上海交通大学密西根联合学院针对国内学生设立的奖学金最高可达5万元，大连理工大学—立命馆大学国际信息与软件学院的优秀新生奖学金可达3.6万元，可完全抵免学费。这反映了"高学费—高奖学金"的对应规律。

3. 从生源的角度看，法人合作办学机构对港澳台生的优惠更普遍。几乎所有法人机构都对港澳台生给予不同程度的学费优惠。其中西交利物浦大学和香港中文大学（深圳）对港澳台生源的学费进行了优惠，香港中文大学（深圳）的优惠力度甚至达到 8 万元以上。

4. 从培养模式看，法人机构主要面向本科教育；"985" 高校中外合作办学则更加灵活。除西交利物浦大学外，其他法人合作办学机构基本采用 "4＋0" 模式，外方院校直接派教师来国内进行授课，这样学生就能在国内完成全部课程的学习；而 "985" 高校中外合作办学机构有超过 1/4 实施多种培养模式。其中电子科技大学格拉斯哥学院和四川大学—匹兹堡大学实施 "4＋0" "2＋2" "3＋1" 三种模式以供学生根据个人偏好和自身经济状况来选择；有 1/3 实施 "本—硕连读" 培养模式，有两所中外办学机构专门面向研究生开设，即中山大学—卡内基梅隆大学联合工程学院和南开大学—格拉斯哥大学联合研究生院，虽然学制只有两年，但由于研究生培养成本更高，因此其学费分别达到了 19 万元/年和 10 万元/年。

5. 从获取学位方式看，法人机构相对更为容易。在所有法人机构里，除宁波诺丁汉大学和北京师范大学—香港浸会大学联合国际学院需要出国才能拿到双方学校的学位证外，其他机构的学生均可在国内完成四年学业、成绩合格即可获得双学位证。而对于非法人，若仅考虑本科教育，除吉林大学莱姆顿学院和大连理工大学—立命馆大学国际信息与软件学院外，学生均需到对方院校学习 1—2 年方可取得双证。"本—硕连读" 和研究生院类型的中外合作办学机构大多可以不出国门，就可在成绩合格毕业时被授予中外合作学校的本科学位以及外方院校的硕士学位。

（二）非法人中外合作办学机构的组内对比[①]

1. 从学费标准不同来看，"985"、"211" 高校举办的非法人中外合作办学机构学费普遍偏高，省属高校举办的非法人中外合作办学机构学费则参差不齐。

---

① 具体数据限于篇幅这里略去，读者如需要可通过编辑向作者索取。

2. 从合作的外方院校看，实力越强的中方院校越有可能与外方名校"强强联合"。

3. 从奖励政策看，"985"高校的奖学金水平最高，"211"高校和省属高校则难分伯仲。

（三）学费差异的简要分析

据国内大部分学者已有研究，导致差异的原因主要包括办学层次[13]、学校所在区域[14]、外方院校所在国家的整体学费水平[15]、市场机制与供求关系[16]、政策法规约束[17]等方面，这些确实在一定程度上造成了学费水平的参差不齐。但本文在此基础上，提出与以往学者观点有所不同的见解：即中方院校实力和所采取培养模式的不同，才是学费定价中最根本的影响因素。

1. 中方院校实力

院校实力越强，不仅其在国内社会的影响效应越高，而且在国际上的声誉也越好。外国名校在综合考虑自身利益与声誉的立场上，往往更倾向于与实力同样强劲的国内高水平大学合作，故而"985"、"211"高校更易成为它们的合作伙伴。另一方面，在国外，一般排名靠前，实力较好的高校学费水平往往较高，这点与国内情况是不同的。国内名校为了引进更为卓越的教育资源，加大教育科研之投资力度来与国外优秀高校的教学水平、设施配备相匹配，成本大幅上升，因此其合作办学学费也相对高企。

2. 培养模式

造成学费差距的另一个关键因素是机构对学生制定的培养模式。法人机构基本采取的是"4+0"模式，机构在性质上基本相当于国外大学在中国设立的分校，在课程安排、师资聘用、教学模式等方面由相应外方合作院校指定的比例极高，外方教师的薪酬、保险等基本生活费用都由中方院校承担，并计入办学成本，最终转嫁给学生。非法人机构则大多采取"2+2""3+1"等模式，外方教师的主要人力成本费用计入外方成本之中，与中方大学关系极弱。同时以往研究发现，在总成本构成上，外籍教职工及相关行政人员的工资、所缴纳的保险费用成为中外合作办学学费最主要的组成部分[18]，因此在缺少教育经费支持、缺乏社会捐赠的情况下，只能由受教育者承担。而这部分也是拉开法人与非法人机构学费差距的重要原因。

四、国外跨境合作办学情况及学费比较研究

无论是中外合作办学，还是国外高校的合作交流，都属于高校跨境校际交流的范畴[19]。而这两者在性质、交流（学习）时间长短上，以及最后是否取得对方院校学历证书方面都存在着较大的不同：在性质上，前者（中外合作办学）以项目和机构为载体，兼有法人机构和非法人机构，后者（国外高校的合作交流）几乎都以交流项目为载体；在交流（学习）时间长短上，前者通常在1—2年，最少也有半年，后者长则一年，短则数周；从是否取得对方院校学位证书方面看，前者一般都会最终获得外方大学的学位证或毕业证，后者则最多得到一纸交流证明。

选取2016—2017年全球QS大学排名前100名院校的交流项目具体数据作为样本，从教育发展水平、国际影响力及大多数学生出国留学选择的院校所在地等方面重点考察美国、英国、德国、澳大利亚、日本和加拿大的著名高校的出国交流项目，以院校性质为划分依据，在学费、奖励政策上进行简单的对比。

（一）交流费用与交流院校所在国家关联较大，与交流院校性质关系不大

通过所得数据，我们发现绝大多数国外高校之间的交流合作项目都对交流学生免收交流（学习）费用，有小部分是交流学生向自己的本科学校缴纳交流费用，而所交流访问的院校则不再向学生收取学费[20]。不管是学生本科所在学校是公立大学还是私立大学，以及所要交流的学校是公立大学还是私立大学，在交流费用方面并无明显差异。

虽然整体上各院校间的交流项目均是免费的，但在收费的项目中，如果

所要前往交流的院校是英国大学，则基本都收取不菲的交流费用。例如，麻省理工大学对英国的交流项目中，该校学生到牛津大学交流一年，根据专业不同，所需的费用在 15755—23190 欧元不等（2010 年底英国下议院通过了允许高等教育机构将每年本科生学费上限分三步大幅提升至 9000 英镑的改革法案[21]）；而 MIT 学生到帝国理工学院的收费甚至达到了 26500 欧元/年的超高水平。加州理工学院与伦敦大学的 12 周交流项目中，对美方院校学生收取 7475—9882 欧元。而反过来英国的高校学生去其他国家交流时，则基本不需要缴纳交流费：例如剑桥大学学生到其他各国高校几乎都无交流费；帝国理工学院的所有交流项目对本校学生基本都是免费的。因此交流费用的差异问题，与该国教育地位的历史渊源及政策导向也有一定关系。

（二）在奖励政策方面，美、英两国的名校较其他国家名校更为丰厚

奖励政策，这里指除了常规性奖学金、助学金、贷款外，还包括交流过程中的旅行费、保险费和住宿费的减免等。就美国而言，以麻省理工学院和哈佛大学为例，麻省理工学院的学生到苏黎世理工大学交流 1 学期，有机会申请每年最高 11000 瑞士法郎的奖学金，足以覆盖每学期 580 瑞士法郎的交流费以及交流期间基本生活费用，而这还是没有考虑助学金和贷款等前提条件下的其中一项奖励政策；哈佛大学的奖助政策则更为灵活，除了交流过程中可以申请数万美元的奖学金外，如果学生在交流期间的费用超过哈佛大学学生一年的生活平均预算 66950 美元，那么学生可以申请与超出部分金额相等的奖学金或额外贷款。就英国而言，以剑桥大学为例，其学生在加州理工学院交流时可申请 6000 美元/年的奖学金，此外，学生如果参加同法国、瑞士或美国院校的交流项目，还可得以豁免往返的机票费用、各种保险和住宿费，这点与一般院校交流项目中学生需自己承担这些额外支出有所不同[22]。相比之下，其他国家名校的奖励政策则不够丰富：譬如，德国的慕尼黑工业大学只为交换生负担了保险费；日本的京都大学虽有奖学金项目，但缺乏助学金和贷款；而加拿大的多伦多大学虽设置每月数百美元的奖学金（额度较

低），但要求学生自己负担交流期间的其他全部费用。

对于美、英高校高奖学金的这一现状，与其同样较高的学费标准是紧密相关的[23]。因为伴随着学费的不断上涨，只有通过进一步加大奖励力度、完善奖励机制才能真正有效地减轻学生学费负担压力。当然，对于日本、加拿大、德国而言，这几个国家的名校基本上为公立或国立性质的学校。

五、对策建议

上述研究对于我国高校方兴未艾的中外合作办学的发展定位及其学费收取问题有如下启示：

（一）各高校应重视社会捐赠，减轻经费压力和学生负担

对于大部分公立高校而言，学校经费主要来自学生学费、财政拨款和学校自筹[24]。财政拨款与院校档次有很大关系。根据 2016 年教育部直属高校公布最新年度总预算显示，"985" 高校年平均财政拨款在 15 亿元左右，最低的中国海洋大学也有 9.35 亿元；而 "211" 高校中最高的西南大学为 8.86 亿元，最低的北京外国语大学仅有 3.5 亿元；对于众多省属高校而言，这项数据则更为惨淡。学校自筹资金往往也依赖于院校自身实力与声望。在传统经费来源中学费占比一直居高不下，这也引发了社会公众的微词或诟病。为了促进经费来源多元化，减轻对经费的依赖和学生负担，资金较为缺乏的法人中外合作办学机构和省属中外合作办学机构，应当主动向社会各界发起募捐或者号召在社会上已经有所成就的校友慷慨解囊以捐款助学。

（二）各高校应明确学费核算标准，提高学费收缴透明度

上文分析了中外合作办学学费差异巨大的原因，其中在陈述培养模式对学费影响的过程中，法人机构和非法人机构在成本核算方式上存在着不少不同之处。例如，对外教的工资、保险的支出是否应当算入中方院校的办学成本，存在着很大争议。法人机构的学费高昂主要源自于此。因此，为了让众

多缺乏专业知识的受教育者能更好地理解学校的收费政策，应当在显要位置予以说明。应依据《普通高等学校基本办学条件指标（试行）》《高等学校教育培养成本监审办法》等，设置办学成本的基本构成项目，解释各个项目的内涵，合理支配各项收入，提高教育资源的使用效率，并定期公布财务报告和收支预算。

（三）非法人机构应给予国际生更多的优惠政策，拓宽生源渠道，提高学校知名度

几乎只有独立法人机构能够吸引海外学生前来中国求学，非法人机构的生源则大多来自内地。这种现象是因为法人机构实质上是国外大学的分校，其在课程设计、培养模式和目标定位上都与国外大学保持一致，因此从这个角度出发，法人机构具有不可比拟的生源优势。而对于众多非法人机构来说，应当更多借鉴法人机构在这方面先进的发展模式，更多站在国际学生的角度，设计与其学习习惯、能力相适应的课程，同时在学费上给予其更多优惠、设置较为丰厚的奖学金吸引其来华学习。从短期看，这将扩大生源范围、促进经费多元化；从长期看，这有利于学校走出国门、扩大国际知名度与影响力。

（四）非法人机构应当学习法人机构办学模式，加大引进外方优质教育资源

非法人机构大多实行"2＋2""3＋1"模式，这虽然在办学成本上拥有相对优势，并且也在一定程度上给予学生学习国外课程的机会，但是在主体教学模式的设计以及课程的安排上，仍然是由中方院校主导。外方课程所占比重仍然偏低，而由于资金投入小，更加难以引进外国优质核心课程。国外教师也会因薪酬偏低、福利待遇略差等原因，要么直接拒绝，要么消极怠工。更有甚者，某些非法人机构借着教学双方的信息不对称，在人才市场上聘用水平较差的外籍教师，其教学质量便无法得到保障。长此以往，这种机构便会声名日下以至无法持续经营。要从根本上解决这种道德风险与逆向选择问题，只能加大投入力度，为合作外方高校的外籍教师提供更好的工资报酬与

生活便利，从而提升整体办学质量。

【参考文献】

［1］吴开俊．高校学费与教育培养成本收取的质疑与探讨［A］．中国教育学会教育经济学分会 2009 年年会论文［C］，2009．

［2］［24］许祥云．从经济学角度看高校学费的本质［J］．中国物价，2006（7）．

［3］黄晓波．高等学校收费定价模式：比较与选择［J］．教育财会研究，2005（3）．

［4］Spence，M．"Job Market Signaling"，Quarterly of Journal of Economics，1973（3）．

［5］王善迈．论高等教育的学费［J］．北京师范大学学报，2000（6）．

［6］谭章禄，张小萍．高等教育学费价格市场模型分析［J］．黑龙江高教研究，2005（12）．

［7］刘叶云，周飞．论我国普通高等学校个人学费成本的确认［J］．教育与经济，2006（1）．

［8］靳希斌，郑晓鸿．个人收益——高等教育成本补偿的理论基础［J］．辽宁高等教育研究，1999（5）．

［9］（美）布坎南，著．类承曜，译．公共财政与公共选择两种不同的国家［M］．北京：中国财政经济出版社，1996．

［10］（美）西奥多·W．舒尔茨．论人力资本投资［M］．北京：北京经济学院出版社，1990．

［11］John stone. D. Bruce. Sharing the Costs of Higher Education：Students Financial Assistance in the United Kingdom，The Federal Republic of Germany，France，Sweden，and the United States，New York：the College Board. 1986.

［12］Ben Jongbloed. Tuition fees in Europe and Australasia：theory，trends and policies［M］//Higher education：hand－book of theory and research. Netherlands：Kluwer Academic Publishers，2004.

［13］［14］［15］刘红垒．高等教育中外合作办学学费定价机制研究——以江苏省为例［D］．南京师范大学硕士学位论文，2015．

［16］［17］李红芳．中美高校学费定价机制比较研究［D］．陕西师范大学硕士学位论文，2010．

［18］李盛海．对高校中外合作办学成本的比较研究［J］．管理天地，2014（4）．

［19］陈雪芬．高等学校本科生校际交流研究［D］．厦门大学硕士学位论文，2009.

［20］王瑞德．大学国际交换生研究［D］．华东师范大学硕士学位论文，2011.

［21］［22］秦莉．2010 年英国高等教育学费改革探析［D］．东北师范大学硕士学位论文，2011.

［23］陈志琴．社会捐赠在我国民办高等教育成本分担中的现状研究——对江浙沪部分民办高校接受社会捐赠情况的调研［J］．民办教育研究，2005（1）．

华侨大学　　a. 高等教育研究中心　　b. 华侨大学经济与金融学院

高校创新创业教育的
目标、原则和路径探析

王永铨[a]　陈　星[b]

摘　要： 高校创新创业教育是服务创新型国家建设的战略举措，是提升人才培养质量的重要途径。从创新创业教育的阶段发展和内涵演进着手，提出创新创业教育明道、赋能、达人的目标取向与结合校情、课程教育、文化引领、校内外协同的基本原则，最后提出完善顶层设计、聚合资源、知行合一、氛围带动的路径设计。

关键词： 高校；创新创业；教育

一、引言

创新驱动是中国未来发展的战略选择，创新创业则是中国经济社会发展新的动力引擎。大众创业、万众创新既是时代主题，更是对创新创业人才的呐喊与呼唤，著名的"钱学森之问"的核心要义就是高校如何培养拔尖创新人才。2015年，国务院印发《关于深化高等学校创新创业教育改革的实施意见》（国办发〔2015〕36号，以下简称《意见》），从国家实施创新驱动发展战略、促进经济提质增效升级，推进高等教育综合改革、促进高校毕业生更高质量创业就业的高度确定了创新创业教育的总体要求和九项任务，是新时期高校开展创新创业教育的纲领性文件。

《意见》实施两年多以来，高校创新创业教育取得了重大进展，对提升人才培养质量产生了积极效应。但仍然存在一些高校目标定位不清、重视程度不够或急功近利、综合施策不力等现象，亟须解决。基于此，本文从创新创业教育的内涵演进着手，进一步探析高校创新创业教育的目标、原则和路径选择，就显得尤为必要。

二、创新创业教育的阶段发展和内涵演进

创新创业教育是一个不断变化发展的过程，其起源于 20 世纪 30 年代的美国，在我国真正开始受到关注是在 20 世纪 90 年代。学者普遍认为国内高等教育界开始关注创新创业教育的标志性事件是 1997 年 1 月，清华大学成立"清华科技者创业协会"。该协会以培养大学生创业意识、创业能力和企业家为目标，于 1998 年参照美国麻省理工学院的商业计划大赛模式举办了"首届清华创业计划大赛"。同期，武汉大学、复旦大学、北京航空航天大学等高校也在不同领域进行创业教育方面的尝试和探索。

进入 2000 年以来，国内学者对创新创业教育研究的领域和内容日益丰富，内涵和外延不断得到拓展。丁俊苗[1]从国家政策文件入手，将创新创业教育分为三个阶段：第一阶段为"创业"阶段（2006 年以前），是创新创业教育的起始阶段；第二阶段为"创业教育"阶段（2007—2009 年），是创新创业教育的发展阶段；第三阶段为"创新创业教育"阶段，是创新创业教育深化阶段。钟汝能[2]认为我国高校创新创业教育经历了自发—自觉—主动的过程，可以分为三阶段：第一阶段是各高校自主探索阶段（1997—2001 年），典型特征是创业教育开始引起社会的关注；第二阶段是试点阶段（2002—2009 年），典型特征是侧重于创业教育；第三阶段是全面实施阶段（2010 年至今），典型特征是创新教育和创业教育并重，鼓励创新创业被纳入国家就业方针。

本文结合国家政策和高校开展创新创业教育的情况，以时间为轴，认为

创新创业教育大致可以分为引入期、萌芽期、探索期和发展期四个阶段。第一阶段：引入期（1997年以前），因创新创业教育本身就是"舶来品"，该时期的特征是被动接受或关注创新创业教育概念，对创业教育的理解多指培养企业家，国家层面未予以真正关注。第二阶段：萌芽期（1998—2001年），"创业"一词开始出现在教育部关于做好高校毕业生就业工作的通知文件中，该时期的特征是将创业作为解决就业的一种途径，关注创业行为的商业价值，把创办企业或公司作为创业教育的成果展现和价值判断，未上升到专门开展课程教育的层面，但已有极少部分高校自发关注创业教育。第三阶段：探索期（2002—2009年），"创业教育"正式出现在国家文件中，以2002年教育部将清华大学、中国人民大学等9所高校确定为第一批创业教育试点院校为标志，创业教育进入课程体系范畴，全国建设了100个创新与创业教育类人才培养模式创新实验区，2009年成立高等学校创业教育委员会，该时期的特征是以点带面、先行先试，逐步铺开创业教育之路，早期探索创业教育的高校已经逐渐形成自己的特色和模式，关注度增强。第四阶段：发展期（2010年至今），以教育部《关于大力推进高等学校创新创业教育和大学生自主创业工作的意见》（教办〔2010〕3号）为标志，"创新创业教育"正式成为"国家语言"。2015年，《意见》的颁发更是将创新创业教育上升到前所未有的高度。该时期的特征是国家主导明显，立足大众创业、万众创新的时代背景，赋予了创新创业教育的重大使命，关注到创新创业能力是促进人的自由全面发展的哲学价值和促进人类文明进步历史的价值。

随着理论研究和实践探索的不断深入，创新创业教育已经超越了时间节点和某一学科门类的界限，是宏观概念。仅从某一维度或某几个维度对其内涵进行清晰界定，都可能失之偏颇，陷入狭隘的思维胡同。唯有与时俱进，才能真正诠释创新创业教育的科学内涵。

三、创新创业教育的目标取向

教育在哲学语境中，离不开对世界观的讨论范畴。因此，我们探讨创新创业教育时，首先要明确创新创业教育的价值取向是什么，也就是回答开展创新创业教育在提升人才培养质量中的核心价值是什么。习近平总书记说过："青年学生富有想象力和创造力，是创新创业的有生力量"[3]。通过对大学生开展创新创业教育，培养和造就创新型人才，服务国家创新驱动发展战略，促进经济提质增效升级，为国家和民族发展提供强大的人才智力支撑，这个作为创新创业教育的总体目标，已经得到社会的普遍认同。

在实践中，为确定可考量、可评判的创新创业教育的实践性培养目标，必须坚持从学生现实中来，到学生未来发展中去，注重教育本身的功能指向和学生自身的发展走向的融合[4]，具体而言，有三个层面，即：明道、赋能、达人。

（一）明道——意识养成

一是明自身发展之道。育人是现代教育的核心，通过创新创业教育的系统培养与训练，大学生能更加科学、更加客观地审视自身的创新创业能力指标，澄清自身的创新创业动机、兴趣维度、资源要素、潜在能量等，从而促进他们采取有效行动，使创新创业变成自觉的思维方式和生活方式，提升自身本质力量。二是明社会发展之道。任何个人都离不开他所属的社会环境，符合国家社会发展之需，顺应社会发展之势的创新创业才有生命力。创新犹如双刃剑，只是工具，并不是方向本身，创新还不能单独成为目的，创新教育也不能代替现代教育的全部，它必须与道德教育整合，培养人的同情心和责任感，把人的创新精神与创新能力引向为人类造福的方向上来[5]。正因此，创新创业教育必须是有正确的价值引领的教育，立足当前的时代背景和国情背景，敢于主动担当，将创新创业的精神和实践融入中华民族的伟大复兴。三是明未来发展之道。创新创业教育就是为了培养更加符合未来发展需要的人才，因而，创新创业教育要面向未来，结合发展趋势，引导学生或在专业领域或在自身感兴趣的领域持续钻研，敢于打破常规、质疑和挑战既有权威，培养具有开创性思维的人才。

（二）赋能——赋予技能

经过创新创业知识内化的赋能是明道的进一步要求，是创新创业教育成果的进一步展示。在任何时代，人才资源总是一国兴旺发达的第一战略要素，尤其是善于创新创业的优秀人才。创新创业教育不仅是理念和模式，其本身也是提高人才培养质量的载体和平台，通过系统的、专项的技能培训，激发受教者的潜在能量，使其掌握应对未来不断变革和发展着的社会所应具备的能力，从而不被社会发展所淘汰。创新创业教育是高等教育发展的必然选择，在自觉的创新创业思维的指引下，赋予学生关于创新创业能力、方式、方法等方面的实践技能，是人才培养的必经程序。当然，赋能绝不是简单地将创新创业教育窄化为创办公司或培养企业家的速成班，而是要教会学生觉察市场先机的能力、把握机遇的能力、资源整合的能力、战略规划与执行管理的能力、危机公关与应急处置能力，适应未来发展的能力，等等。只有将创新创业的意识转化为实践能力，才能更好地发挥创新创业教育的真正价值。

（三）达人——"兼济天下"

经由知识教育生成学生健全人格，由此使得学生掌握基本的科学素养和科学研究方法，用知识服务和改造社会，是大学的根本使命[6]。用知识服务和改造社会，引领国家和民族前进，也是创新创业教育目标的最高实现。党的十九大报告指出，我国社会主要矛盾已经转化为人民日益增长的美好生活需要和不平衡不充分的发展之间的矛盾，必须坚定不移地贯彻创新、协调、绿色、开放、共享的发展理念。发展是党执政兴国的第一要务，是解决社会主要矛盾的关键。在一切关乎发展的要素中，创新是引擎，处于首要地位。对于大学生而言，在专业学习和思维训练的基础上，通过创新创业实践，产生新的社会价值，不断为国家和人民创造更多更新物质文化产品，满足人民日益增长的美好生活需要，既是时代赋予的使命，也是大学生的应有担当。

四、创新创业教育的基本原则

确定高校创新创业教育人才培养的价值取向后，就有必要探寻为实现目标而应坚持的基本原则。总体而言，创新创业教育要防止形式上的千篇一律和内容上的流于形式，突出育人核心，找准定位、体现特色、追求实效。高校要落实《意见》提出的"面向全体、分类施教、结合专业、强化实践"的基本要求，应坚守以下四项原则。

（一）坚持学校特色和办学使命相结合原则

根据教育部 2017 年最新统计数据，全国高等学校共计 2914 所，可分为研究型、专业型、应用型和技术型等不同类型的大学。每所高校均有自身的定位和特色，也有与之相适的人才培养目标，特别是在当前高校转型升级和"双一流"建设的关键时期，更要深度思考如何在本校开展创新创业教育。高校在创新创业教育顶层设计和具体实施措施上，应从校情实际出发，融合学生发展需求，有所取舍，有所侧重，不断修正和优化人才培养过程，提升创新创业教育实效。

（二）坚持普及教育和专业教育相结合原则

普及开展创新创业教育，提升每个学生创新创业能力，是最基本的要求。在创新创业教育中，要坚持以生为本，融入人才培养全过程，着力提升学生的综合素质和竞争能力，促进全体学生的全面发展。创新创业教育还须与学生的专业学习深度融合，摒弃过时的专业知识，及时捕捉最新、最前沿的学科动态充实专业教育内容，培养学生的批判性思维，敢于质疑权威。核心目标是实现学生在未来工作岗位上具备扎实的专业知识、具有相关领域前沿知识、储备行业革新的思维和品质，实现专业教育与创新创业型人才的正效循环。

（三） 坚持文化引领和实践育人相结合原则

要使创新创业教育形成气氛、形成格局，就需要加强创新创业的校园文化建设。通过营造积极向上、宽容失败、人人参与创新创业的文化氛围，使创新创业的精神、理念融入学生日常学习生活点滴，实现全过程、全方位覆盖，使学生自觉接受创新创业文化熏陶，真正在内心深处埋下创新创业基因。同时，在校园文化引领下，突出实践育人在创新创业教育中的重要作用，引导学生将创新创业理念、意识融入到专业课程实践、学科竞赛、毕业实习和项目孵化之中，激发学生主体的主动性和积极性，做好指导帮扶和个性化服务。

（四） 坚持协同推进和开放共建相结合原则

推进内涵发展和体制机制改革，集聚校内外优质资源支撑创新创业教育。创新创业教育的最终成效体现在人才培养质量上，体现在对社会经济发展的贡献程度上，因此不能故步自封、自我娱乐，必须与市场接轨、与社会接轨，经受得起社会的检验。要充分考虑学生、教师、职能部门、社会需求等多主体、诸因素对创新创业教育的综合影响，推动优势资源互为补充、校内校外共建共享。

五、创新创业教育的路径选择

创新创业教育作为一种新的教育理念，具有很强的系统性和实践性，牵一发而动全身。这就要求高校要结合自身实际，聚集影响创新创业教育的资源、平台和载体，并进行优化组合，才能实现效果倍增。

（一） 革新理念，强化顶层设计的统筹引领

创新创业教育在本质上是对传统教育理念的革新与突破，是对传统教育实践的扬弃过程。因而，高校自身要实现三个转变：在办学观念上从学科为

本转变为学生为本，在教育内容上从重在传授知识转变为重在提升素质，在培养模式上从以教为主转变为以学为主且教学相长[7]。顶层设计包括目标定位、战略思路、发展规划、实施步骤等，将对创新创业教育实施效果和人才培养产生直接影响，须给予高度重视。一是站位要高。充分认识国家提出深化创新创业教育改革的时代背景，考察借鉴国内外高校的先进做法，突出顶层设计的前瞻性、统领性、思想性和系统性，最终形成适合学校实际的行动方案。二是落地要实。创新创业教育是一项系统性工程，是学校人才培养生态系统的重要环节，涉及人才培养方案的优化、教学方式方法的创新、学籍管理制度改革等等，需要全校形成共识、上下联动、共同推进。三是执行有力。创新创业教育对人才培养质量的提升非一日之功，需要经过长期积淀，而非开几门课程、组织几场赛事、举办几场讲座。教与学、管理与服务要相融通，二级学院要将学校顶层设计细化到日常的教学实践，职能部门要从管理为主向服务为主转变，加强对创新创业教育的执行监督，列入绩效考核范畴。

（二）聚合资源，强化内外环境的协同育人

要在开放的环境中培养创新创业人才，打造可持续、多样化的创新创业教育格局，构建立体的资源整合与对接途径，实现创新创业的各方主体、平台资源的高效共享，促进供给和产出的平衡。一是强化校内协同，推进创新创业的整体性、协调性、系统性。将创新创业融入人才培养的全过程、融入学校管理服务的各领域，实现创新与育人相结合、创新与创业相结合、创业与就业相结合，不断提升教师水平，强调师生共进。二是强化校校协同，引入和借鉴国内外其他高校的先进经验，共同研讨创新创业教育的理念、方法和体制机制的平台引入，实现优势互补。同时，应当利用好当前高等教育国际化的发展趋势和国家对高等学校对外合作办学的政策松绑，促进创新创业教育的理念、模式与国际接轨。三是强化校地协同，积极主动地融入地方经济、社会发展，建立政产学研合作平台，与政府建立互利共赢的协同创新、共育人才模式。推进创新创业实践基地建设，在服务地方经济社会发展中有

效提升学生创新创业能力。四是强化校企协同，推动学生创新创业接受市场检验。创新创业型人才的培养归根于实践，它需要学校与企业双向互动和相互支持，推进企业家进校园和学生对接，促成好的创意变成好的项目产生好的社会效应。

（三）知行合一，强化教学实践的育人功能

将创新创业教育内容贯穿人才培养全过程，突出课堂教学的育人功能，教学生创新创业之道、育学生创新创业之能、助学生创新创业之行，建设分类指导、逐层递进的创新创业教育体系。一是普及开展创新创业通识教育，是为启蒙。从跨学科角度思考创新创业教育，将创新创业教育打造为多学科交叉的课程群体系，如认知课程群、基础技能课程群、管理课程群、孵化课程群等，满足不同学生的不同需求，激发学生的创新基因。二是融合专业课程开展创新创业教育，是为核心。基于专业技能的创新创业往往具有较高的技术含量和市场水准，是高级的创业形式。开展创新创业教育，专业教师要先行，要促进教师把前沿知识、学科动态融入教学，把科技成果转化为课堂教学，实现教学方式创新、教学资源创新、教学手段创新，形成教师带头创新、学生主动创新的局面，打造新型的师生共同成长模式。同时，创新学籍管理制度，探索和发展探究式、体验式教学模式，改变以知识灌输为主的传统教学方法，并通过考核方式的变革来倒逼教学过程的变革。三是注重实践育人在创新创业教育中的作用，是为提升。引导学生在创业实训过程中实现创意、创新、创业"三创融合"，一方面建设线上实训平台，搭建涵盖慕课课程、模拟沙盘、测评系统和个性化制课系统为一体的线上平台，发挥线上平台的集成效应，方便学生获取资源和信息；另一方面建设线下实训平台，分为校级综合实训平台、院级专业实训平台和校外协同创新实训平台，为创新创业教育和学生的创业孵化、创新性实验、学科竞赛和创新创业大赛等提供有力支持。

（四） 营造氛围，强化文化引领的创造价值

创新创业人才培养离不开校园文化的滋养，良好的创新创业氛围，对创新创业教育的深入开展和创新创业型人才培养具有直接的促进作用。创新创业教育的目的不仅是提升学生个体的创新创业能力，更应当作为一种尊重人才、尊重知识、崇尚创新、崇尚创造和弘扬创新精神的校园文化氛围来塑造[8]，使学生在真实、自然的环境下接受熏陶，形成自觉思维。一是依托赛事平台，以赛促教。如中国"互联网＋"大学生创新创业大赛、"挑战杯"大学生课外科技作品竞赛、"创青春"中国青年创新创业大赛等具有重大影响和社会效应的赛事，学校要鼓励学生积极参与并开展系统的训练辅导，增强教育的实践性和现场感。二是做好项目孵化帮扶，汇聚各方资源和力量，构建创新创业实践的保障体系，引导和帮助学生创业项目对接市场、转入实战。同时学校应该充分利用自身的知识产权优势，完善转让机制，对学生开展创业实践知识产权方面的需要尽可能提供便利，甚至是无偿转让。三是通过举办就业创业文化节，通过邀请创业校友、企业家、学者、天使投资人等来校举办创新创业讲座、报告或沙龙等形式，使创新创业变成看得见、摸得着的人和事，帮助学生拓展眼界，激起创新创业思维。

【参考文献】

[1] 丁俊苗. 以创新创业教育引领高等教育改革与发展——创新创业教育的三个阶段与高校新的历史使命 [J]. 创新与创业教育，2016 （1）：1—6.

[2] 钟汝能. 转型期高校创新创业教育探讨 [J]. 学术探索，2015 （4）：152—156.

[3] 习近平. 致2013 年全球创业周中国站活动组委会的贺信 [N]. 人民日报，2013 - 11 - 9 （1）.

[4] 李亚员. 大学生创新创业教育的目标、原则及路径优化 [J]. 思想理论教育，2015 （10）：83—87.

[5] 邬志辉，张培. 创新教育：概念、定位与变革 [J]. 东北师大学报 （哲学社会科学版），2001 （6）.

［6］黄英杰．中国大学创新创业教育的哲学之思［J］．高校教育管理，2016（1）：74—79，85.

［7］张玉利．高校教育和培养模式改革的"助推器"［N］．中国教育报，2015 – 05 – 18（11）．

［8］钟春玲．创业型大学视角下创业教育体系的构建［J］．扬州大学学报（高教研究版本），2012（1）：56—60.

华侨大学　a. 创新创业学院　b. 发展规划处

话语权视域下的大学生网络舆情研究

——以华侨大学为例

林荣策

摘　要：随着网络舆论诉求的多元化，大学生网络舆情呈现出独特的态势，如何更好地加强管理和引导，对于维护校园稳定，促进网络舆情健康发展具有重要的意义。通过对华侨大学 500 名大学生进行问卷调查发现，大学生重视网络话语权，网络舆情强化了他们的权利意识；大学生能比较理性关注网络舆情，网络舆情提升了他们的社会责任感；高校在网络监管的主体性上重视不足，舆情监管作用弱化；网络舆情加剧影响着大学生的思想变化程度。为此，要在创新网络话语传播模式、契合和满足大学生网络诉求的基础上，一方面，培养学生意见领袖，引领大学生正确的网络舆情方向；另一方面，设立专家团队线上参与互动，引导网络舆情理性回归。同时，应建构网络舆情预警机制，创立良好的信息交流互动平台。

关键词：网络舆情；舆情监管；话语权；高校

2016 年 4 月 19 日，习近平总书记在网络安全和信息化工作座谈会上指出："互联网是一个社会信息大平台，亿万网民在上面获得信息、交流信息，这会对他们的求知途径、思维方式、价值观念产生重要影响，特别是会对他们对国家、对社会、对工作、对人生的看法产生重要影响"[1]。对于高校师生而言，网络已成为获取信息与学习交流的重要渠道，做好大学生们的网络舆情引导工作，对建设和谐的校园，促进学生、学校的发展以及社会进步有着十分重要的意义。

一、调查现状

本次调查是在 2015 年 5—6 月完成的，抽取华侨大学泉州和厦门两个校区不同学院、不同专业的学生，共发放问卷 500 份，回收 473 份，有效问卷461 份，有效率 92.2%。问卷包括样本基本情况、问卷内容两大部分，问卷共设置 22 道题目。

（一）问卷的基本情况描述

本问卷在基本情况上，设置了 4 道题目，分别是：

1. 性别

统计数据显示（如图 1），本次调研人群中，男女所占比例相差不大，男女比例适中。

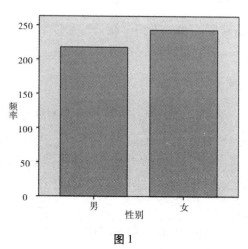

图 1

2. 年级

对样本各年级做了统计，结果如图 2 所示。从图表中可以看出，样本各年级人数比例抽取适宜，与华侨大学整体情况基本一致，样本抽取符合随机性原则。

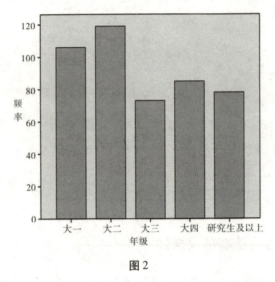

图2

3. 获取信息的途径

针对"获取信息的途径"这个问题进行调查。数据显示：77.2%选择在百度、新浪、搜狐等综合性网站获取信息，58.4%选择微博、微信，8.7%选择学校主页，5.6%选择桑梓论坛，还有3.3%选择其他途径获取信息。这些数据说明，"综合性网站"和"微博、微信"最受大学生群体欢迎，是他们获取信息的主要途径。

4. 上网关注的话题

问卷结果显示：学生平常上网，77.4%的人关注社会热点，67.5%的人关注休闲娱乐，60.3%关注新闻时事，28.0%的人关注政府改革，25.6%关注体育赛事，20.0%关注法制话题。可见，"社会热点""休闲娱乐"和"新闻时事"是大学生群体上网关注的主要话题。

（二）关于大学生网络舆情影响因素分析

问卷对每一个题目设置五个选项，分别是"非常认同""比较认同""一般""不太认同""很不认同"，并对其赋予"1、2、3、4、5分"。通过主成分分析方法对"大学生网络舆情的影响因素"进行分析，提取 4 个主成分，最终确定了影响大学生网络舆情的四个主要因素，第一主成分代表的是"校园网络舆论管理机制"；第二主成分代表的是"网络舆论环境"；第三主成分代表的是"大学生的自律能力"；第四主成分代表"大学生的观念行为"。

1. 校园网络舆论管理机制因素

第一主成分是影响大学生网络舆情的主要评价指标，将其命名为"校园网络舆论管理机制"。具体包括以下几个问题：

（1）高校网络舆情管理系统的建设情况

调查显示，被调查大学生对"高校拥有健全的网络舆情管理系统"的态度是"一般"，其次是"不太认同"，各自占比为 44% 和 29.3%。这说明，在被调查大学生看来，高校还没有拥有健全的网络舆情监管系统。

（2）高校专业的网络舆情预警与监管队伍的配备情况

调研发现，45.3% 的被调查大学生对"高校配有专业的网络舆情预警与监管队伍"评价为"一般"，"不太认同"的占比 29.5%。这说明了绝大多数被调查大学生认为，高校的网络舆情预警和监管队伍配备情况还不健全。

（3）网络舆论引导方法的科学性

统计表明，被调查大学生对"高校的网络舆论引导方法很科学"持"一般"和"不太认同"态度的占到了 73.5%，所占比例最高的是"一般"，占 46.2%，可见，绝大部分被调查大学生认为，高校的网络舆论引导方法还是不够科学。

（4）高校在网络舆情引导上与学生互动程度

调查发现，被调查大学生对"高校在网络舆情引导上能保持与学生的良性互动"的态度依次为："一般""不太认同""比较认同""很不认同"和"非常认同"，大部分被调查大学生对"高校在网络舆情引导上能保持与学生的良性互动"的态度为"一般"，达到 41.65%，他们认为高校与大学生的互动不够。

（5）对网络舆论应该实行监管

为了更好地了解大学生对网络舆论监管的看法，问卷设计了"对网络舆论应该实行监管"的问题。统计表明，被调查大学生"非常认同"和"比较认同"网络舆论应该实行监管，合计达到 70.1%。可见，大部分被调查大学生对于这个问题的认同度是比较高的。

（6）网络舆论的监管力度

在调查中，我们发现被调查大学生对于"我国目前对大学生网络舆论的监管的力度比较强"的看法"一般"，占到调查人数的 46.9%；其次为"不太认同"，占 21.7%。这说明，在被调查大学生的眼中我国的网络舆论监管力度并不强。

（7）对国家有关网络舆论监测与管理政策的了解情况

调研数据显示，被调查大学生对我国有关网络舆论监测与管理政策的了解程度"一般"，达到 42.3%；"不太认同"的达到 30.4%。这说明，我国有关网络舆论监测与管理政策的普及性还比较差。

（8）发表不当言论追究责任

由统计结果可以看出，绝大多数被调查大学生"非常认同"和"比较认同"在网络上发表不当言论应被相关部门追究责任，占到了 70.3%。这说明对于这个问题，绝大部分被调查大学生法律意识还是比较强的。

2. 网络舆论环境因素

第二主成分也是影响大学生网络舆情的主要评价指标，将其命名为"网络舆论环境"。具体包括以下几个问题：

（1）网络言论发表的随意性

调查显示，42.1% 的被调查大学生"非常认同""不是所有言论都能在网络上随意发表的"，持"比较认同"的占 32.3%。可见，将近 75% 被调查大学生认为网络上不能随便发表言论。

（2）对自身网络权利的考虑情况

调查发现，39.7% 的被调查大学生"比较认同"在网络上发表信息时，自己会考虑权利问题，持"非常认同"的态度的占 19.7%，可见，将近 60% 的被调查大学生是会考虑自身网络权利问题。

（3）大学生自身的道德素质对抵制不良信息侵入的作用

调查数据表明，绝对多数被调查大学生"比较认同"大学生自身的道德素质有助于抵制不良信息的侵入的，其比例占到了 42.5%，而选择"一般"和"非常认同"分别占比 34.5% 和 15%，可见，大学生自身的道德素质对于抵制不良信息侵入发挥主要作用。

（4）网络信息的可信度

结果统计表明，针对"网络上大多数信息都是可信的"问题的调查，持"不太认同"和"很不认同"态度的占有比例为 36.7% 和 12.4%。这说明近一半被调查大学生认为网络信息的可信度不高。

（5）网络信息发布的拘束性

调查中，30.6% 的被调查大学生"不太认同""在网络上发表信息，一般不会受到拘束"，持"比较认同"和"非常认同"观点的占比不到 30%。可见，被调查大学生普遍认为，在网上发布信息是会受到拘束的。

（6）网络信息的匿名性

从数据统计结果可以看出，大多数被调查大学生认为网络信息的发布可采用匿名形式，"一般""比较认同"所占比例均超过 30%，而"很不认同"和"不太认同"的仅占 18%。

（7）网络发布信息的限制程度

通过调查可以看出，49.9% 的被调查大学生"比较认同"在网络上发表信息的限制更少；其次的态度为"一般"占 26%。

3. 大学生的自律能力因素

第三主成分也是影响大学生网络舆情的主要评价指标，将其命名为"大学生的自律能力"。具体包括以下几个问题：

（1）他人的网上言论对自己处理方式的影响

通过调研发现，38.2% 和 35.4% 的被调查大学生对"他人在网络上的言论会左右自己的处理方式"的态度持"一般"和"不太认同"。这说明绝大多数的被调查大学生认为，自己的处理方式是不容易被他人的网络言论所左右的。

（2）网络评论的认知情况

统计表明，被调查大学生对"网络上的评论是我形成对某一事件的认知"持"一般"和"比较认同"态度的占到了71.8%，两者所占比例均超过30%。这说明，被调查大学生认为，网络上的评论对某一事件的认知影响还是比较大的。

（3）处理网络舆论问题的态度

通过调查发现，被调查大学生对"在处理网络舆论问题时，经常会冲动行事"的选择依次为："一般""不太认同""比较认同""很不认同"和"非常认同"，最高占比达到43.2%，这说明，大部分被调查大学生认为自己在处理网络舆论问题时不会很冲动。

（4）网络舆论对自身社会观和价值观的影响

为了更好地了解网络舆论对大学生社会观和价值观的影响，问卷设计了"网络舆论是我形成社会观和价值观的一个重要来源"问题。统计表明，被调查大学生持"一般"态度，达到39.7%，其次为"比较认同"，占到30.8%。可见，被调查大学生认为，网络舆论是形成社会观和价值观的一个重要来源。

4. 大学生的观念行为因素

第四主成分也是影响大学生网络舆情的主要评价指标，将其命名为"大学生的观念行为"。具体包括以下几个问题：

（1）对网络信息关注程度

通过调查发现，对"我经常关注网络信息"问题，选择"比较认同"和"非常认同"的占到65.1%。可见，绝大多数被调查大学生是经常关注网络信息。

（2）在网上发布信息的情况

问卷统计结果显示，针对"我经常在网上发布信息"问题，有超过41.4%的被调查大学生表示出"一般"的接受态度，而且"不太认同"的占到30.2%。这说明，大部分被调查大学生在网上发布信息不频繁。

（3）大学生发表网络舆论的理性程度

在调查中，认为大学生发表网络舆论理性程度"一般"的占比最高，达到42.3%，"比较认同""不太认同"的分别为29.3%和18%。

二、现状分析

（一）调查总结

1. 大学生网络舆情受到四个主要因素影响

在调查大学生网络舆情的影响因素时，确定了四个主要因素：校园网络舆论管理机制、网络舆论环境、大学生的自律能力和大学生的观念行为。通过数据分析发现，"校园网络舆论管理机制"方差贡献率最高，对大学生网络舆情管理影响最大。

2. "性别"在"网络信息获取途径"上存在差异性

通过对大学生网络信息获取途径情况进行差异性分析，发现男女在选择获取信息途径时优先选择顺序是一样的，都是综合性网站、微博微信、学校主页、桑梓论坛、其他。但是也有一些差异，在各项所占的比重上有所不同。综合性网站的选择中，女生所占比重 53.4% > 男生所占比重 46.6%，微博微信的选择中，女生所占比重 56.1% > 男生所占比重 43.9%；但在学校主页和桑梓论坛的选择中，女生所占比重分别是 42.5% 和 42.3%，都小于男生所占比重 57.5% 和 57.7%。

3. 在网络信息获取途径上，"学校主页"和"桑梓论坛"对被调查大学生群体的吸引力较差

通过数据收集发现：77.2% 选择在百度、新浪、搜狐等综合性网站获取信息，58.4% 选择微博微信，8.7% 选择学校主页，5.6% 选择桑梓论坛，还有 3.3% 选择其他途径获取信息。这些数据说明，"综合性网站"和"微博、微信"最受大学生群体欢迎，是他们获取信息的主要途径。而"学校主页"和"桑梓论坛"对大学生吸引力较差。

4. "性别"对"网络关注话题"具有显著性影响

统计数据结果显示，男女生对各话题的网络关注度有很大差异，男生关注

网络话题的顺序是：社会热点 35.8% >新闻时事 31.7% >休闲娱乐 26.2% >政府改革 16.9% >体育赛事 16.7% >法制话题 10.4% >其他 2.0%。而女生则是：社会热点 41.6% >休闲娱乐 39.5% >新闻时事 28.6% >政府改革 11.1% >法制话题 9.5% >体育赛事 8.9% >其他 2.4%。另外，休闲娱乐选择中，女生所占比重 60.1% >男生所占比重 39.9%，政府改革选择中，男生所占比重 60.5% >女生所占比重 39.5%，体育赛事选择中，男生所占比重 65.3% >女生所占比重 34.7%。可见，女生比男生更喜欢关注休闲娱乐，而男生比女生更喜欢关注政府改革和体育赛事。

5. "社会热点" "休闲娱乐" 和 "新闻时事" 是主要网络关注话题

在调研的样本中，通过统计发现：学生平常上网，对 "社会热点" "休闲娱乐" "新闻时事" 关注度最高，比例均超过 60%，而对于 "政府改革" "体育赛事" "法制话题" 这三个方面的关注较低，均在 20% 左右。可见，"社会热点" "休闲娱乐" 和 "新闻时事" 是大学生群体上网关注的主要话题。

（二）调查反思

1. 大学生重视网络话语权，网络舆情强化了他们的权利意识

通过对 "我经常关注网络信息" 和 "我经常在网上发表信息" 的调查发现，虽然被调查大学生对网上发表信息的频率 "一般"，占到 41.4%，但是他们对网络信息的关注度非常高，持 "比较认同" 和 "非常认同" 态度的合计达到了 65.1%。这说明了，网络舆情强化了大学生的参与意识。而且在调查中还发现，39.7% 的被调查大学生 "比较认同" 在网络上发表信息时，会考虑权利问题，持 "非常认同" 的态度的占 19.7%。可见，将近 60% 的被调查大学生是会考虑自身网络权利问题。这说明了大学生渴望通过网络来表达自己的观点，让表达被理解、被尊重，并借助网络舆情行使自身权利，这与网络舆情的表达方式相契合。

2. 大学生能比较理性关注网络舆情，网络舆情提升了他们的社会责任感

在问卷中，设置了 "不是所有言论都能在网络上随意发表的" "对网络

舆论应该实行监管"和"在网络上发表不当言论会被相关部门追究责任"等问题。通过统计数据可以看出，74.4%被调查大学生"比较认同"和"非常认同"不是所有言论都能在网上随意发表的；70.3%被调查大学生"比较认同"和"非常认同"在网络上发表不当言论应被相关部门追究责任；71.3%的被调查大学生"比较认同"和"非常认同"对网络应该进行监管。这些都说明了，面对网络复杂的环境，被调查大学生思想与行为更加理性，能够以较为积极和成熟的态度去思考问题，去关注网络舆情。这种网络舆情培养和提升了大学生社会责任感。

3. 高校在网络监管的主体性上重视不足，舆情监管作用弱化

调查发现，被调查大学生对"高校拥有健全的网络舆情管理系统""高校的网络舆论引导方法很科学""高校配有专业的网络舆情预警与监管队伍"和"高校在网络舆情引导上能保持与学生的良性互动"的态度中，感觉"一般"和"不太认同"的比重最大。可见，在被调查大学生群体看来，高校对网络舆情的重视程度还是不足，停留在"表层"上，缺乏针对性和实效性；在舆情管理的系统建设上、引导方法上、队伍配备上等各个方面都缺乏应有的表现，导致高校在大学生网络舆情引导作用被不断弱化。

4. 网络舆情加剧影响着大学生的思想变化程度

通过对"网络舆论是我形成社会观和价值观的一个重要来源""网络上的评论形成我对某一事件的认知""他人在网络上的言论会左右我的处理方式"和"在处理网络舆论问题时，经常会冲动行事"等问题的调查数据分析发现，网络对大学生群体的思想变化的影响作用越来越大。从某种程度上来说，这对传统的思想政治工作带来了新的冲击，网络上一些负面思想意识更容易被放大，大学生群体的思想意识更容易受到误导，导致大学生的网络信息环境的复杂化。

三、调查启示

（一）创新网络话语传播模式，契合和满足大学生的网络诉求

在调查中发现，将近60%的被调查大学生在网络发布信息时是会考虑自身网络权利问题，可见，网络舆情反映出了大学生对网络话语权的诉求。而在自由、开放、多元的网络虚拟世界中，树立大学生网络话语权权威意识需要抵制西方话语霸权，这就需要创新网络话语传播模式，引导大学生主动将我国社会主义核心价值观主流意识与自身思想相互融合，使得大学生能够正确认知和认同社会主流意识。具体而言[2]：在网络话语内容上，尽量契合和满足大学生的心声和利益诉求；在话语传播机制上，要倡导对话交流，充分尊重大学生的主体自觉，体现出自由平等和多向互动；在话语传播形式上，要让抽象理论尽量通俗化和生活化，让主流意识形态话语以大学生喜闻乐见的话语形式，更加贴近大学生生活，确立让大学生产生认同感和凝聚力的网络主流意识形态话语权。

（二）培养学生意见领袖，引领正确网络舆情方向

意见领袖是指在人际传播网络中经常为他人提供信息、意见、评论，并对他人施加影响的活跃分子，是大众传播效果形成过程的中介或过滤的环节[3]。通过文献研究发现，在高校网络社区当中，学生组织的参与度很高，他们思维严谨，观点犀利，分析问题有理有据，能够带动和影响互动的大学生群体。因此，高校应该积极培养大学生组织意见领袖，由他们来正确引导舆情发展走向，充分发挥意见领袖在网络舆情发展引领上的作用。因为他们贴近大学生的思想，发帖和跟帖的方式契合大学生的偏好，因此，能够在参与校园论坛活动中，帮助大学生明晰复杂繁多的网络言论观点，自觉接受正确的观点意识，并内化主流意识消除迷茫。

（三）设立专家团队线上参与互动，引导网络舆情理性回归

由于每个大学生个体独立，对事物的认知程度不同，因此，在网络互动话题的选择上也各不相同。如何妥善解决他们关注的社会舆情问题并正确引导其理性回归讨论，需要高校邀请专家团队参与。高校通过设立在相关领域有权威的教师组成专家团队，就大学生关注的问题和一些社会敏感话题线上参与话题互动讨论，用权威和专业的角度进行解读，帮助大学生理性地分析问题。这样既可以为大学生答疑解惑，提高他们参与网络讨论的积极性，营造融洽的高校网络舆情氛围，又可以极大地降低大学生网络信息非理性讨论的盲目性，引导网络舆情的理性回归，发挥高校在网络舆情引导上的作用。

（四）建构网络舆情预警机制，预测和防范大学生网络舆情失范

面对新的挑战，传统的大学生网络舆情管理工作模式已经不能适应新形势。习近平总书记在"4·19"讲话中强调："要建立统一高效的网络安全风险报告机制、情报共享机制、研判处置机制，准确把握网络安全风险发生的规律、动向、趋势。"[4]。可见，对高校网络舆情的监控和预警不容忽视，应及时建立健全更有针对性和人性化的大学生网络舆情预警机制。预警体系的完善程度直接关系到网络舆论的预警效果。通过文献梳理发现，合理的预警体系应该包括五大部分即预警等级、预警指标、预警测度、预警活动和预警方法等，高校实施网络舆情的预警程序可设置如图3[5]：

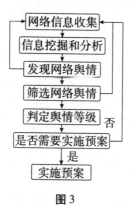

图3

【参考文献】

[1] 习近平. 在网络安全和信息化工作座谈会上的讲话［EB/OL］. http：//news. xinhuanet. com/mrdx/2016 － 04/26/c_ 135312417. htm，2016 － 04 － 26.

[2] 郑元景. 论网络意识形态话语权及其提升策略［J］. 福建农林大学学报（哲学社会科学版），2015（9）：75—78.

[3] 王雅奇. 网络民意中的情绪与理性［J］. 北京邮电大学学报（社会科学版），2010（12）：60—62.

[4] 习近平. 在网络安全和信息化工作座谈会上的讲话［EB/OL］. http：//news. xinhuanet. com/mrdx/2016 －04/26/c_ 135312417. htm，2016 － 04 － 26.

[5] 白荣宝. 高校校园网络舆论及其引导研究［D］. 大连：大连理工大学硕士论文，2010（6）：37—39.

华侨大学　旅游学院

菲律宾华侨与华侨大学侨捐工程

胡　萍

摘　要：华侨大学众多侨捐工程中，有30座是菲律宾华侨雪中送炭捐建的。菲律宾华侨还在20世纪80年代促成了华侨大学与菲律宾大学的交流互动。他们对华侨大学的贡献，有力地促进了中菲关系的良性发展，也是中国进行侨务公共外交的宝贵资源。

关键词：华侨大学；菲律宾华侨；侨捐

一、引言

华侨大学于1960年建校，2013年成立了中国首个以"侨务公共外交"为名的研究所，并于2014、2016年分别召开了第一届和第二届"华侨大学与中国周边公共外交研讨会"。当我们把目光投向海外、周边的时候，还要内视自己。华侨大学的侨捐工程就是一面镜子。遍布华侨大学校园、形态不一、功能各异的侨捐建筑，不仅体现了海外赤子爱国爱乡、造福桑梓的拳拳情意，还从一个侧面讲述了华侨大学别具一格的建校办学历史。据统计，截至2017年1月，华侨大学约有85个侨捐工程，其中许多是菲律宾华侨捐建的。

众所周知，海外侨胞在侨乡办学曾经贡献良多，在"一带一路"倡议和建设中能起到独特的优势作用。菲律宾与中国隔海相望，是东盟（含其前身）中的重要成员国，2017 年接任东盟轮值主席国。尽管中国与菲律宾的关系时好时坏，爱国爱乡的菲律宾华侨一如既往地支持华侨大学办学。那么，捐主是菲律宾华侨的建筑，华侨大学到底有多少、是哪些、分别建造于何时、有什么特点？将这些资料整理出来，希望能够有助于中菲关系的良性发展，也为"一带一路"建设以及与"东盟"的周边外交，提供点滴参考。

二、华侨大学校园中的菲律宾侨捐及其特点

据《华侨大学侨捐工程碑刻评说》[1]，迄今为止，华侨大学校园的菲律宾侨捐简况如表 1 所示。

表 1　华侨大学校园中"捐主"是菲律宾华侨的建筑

序号	建筑名称	时间	捐主姓名	纪念对象
※	陈嘉庚纪念堂	1963/1983	众华侨	陈嘉庚
1	李回呾体育馆	1985	李国篯	父亲李回呾
2	尤梅幼儿园	1985，2003	李木杉、李国篯	母亲尤梅
3	丁氏体操馆	1987	丁魁梧	两个儿子（车祸）
4	金川活动中心	1988	庄启程、柯敏月夫妇	胞弟庄金川（车祸）
5	秋中湖	1990	陈王如琪	丈夫陈秋中
6	田径场、观众台	1989	白留海、李国篯	
7	莲雪楼	1989	白留海、施美玉夫妇	父母白莲座、王雪
8	教锯楼（含算治馆、文种楼）	1989	施文种	父亲施教锯，母亲颜算治
9	菲华楼	1990	菲律宾诸贤达	
10	楠芬楼	1992	刘栋梁、林丽华夫妇	
11	祖营楼	1992	洪文炳、许玉清夫妇	父亲洪祖营
12	杨思椿科学馆	1992	杨思椿	
13	玉峰楼	1994	蔡聪妙	父亲蔡玉峰
※	怀恩树	1994	华侨和港澳台毕业生	母校
※	敬萱堂（含清敏堂）	1995	施子清、陈淑敏夫妇	母亲
14	泉州校区大门	1996	陈台权、陈台护兄弟	父亲陈荣渔

序号	建筑名称	时间	捐主姓名	纪念对象
15	华侨大学天桥	1996－2014	庄善约的亲家庄妈珍	
16	黄呈辉信息网络中心	1997	黄呈辉	
17	永亮锦云楼	1998	蔡永亮、陈锦云夫妇	
※	陈守仁经济管理大楼	2001	陈守仁	
※	施良侨科技实验大楼	2003	施良侨	
※	洪祖杭大楼	2003	洪祖杭	
18	华文学院新大门（厦门）	2003	陈永栽	母校
19	陈延奎大楼（厦门）	2015 封顶		父亲陈延奎
※	善春启銮艺术教学楼	2006	庄善春、郑启銮夫妇	
※	烜笙展览馆	2006	庄善春家族	父亲庄为烜
※	邓碧瑜纪念楼	2008	庄善春	朋友邓碧瑜
※	庄为烜报告厅	2013		父亲庄为烜
※	善约善多楼	2015		哥哥庄善约、弟弟庄善多
20	戴国兴大楼	2008	戴国兴	

表格中几点需要说明一下：①※：表示捐主可能父辈是菲律宾华侨，或捐主本人年幼时投奔父母、亲戚到过菲律宾，或早期在菲律宾创业，但捐建华侨大学具体某建筑时并不在菲律宾。②陈嘉庚纪念堂 1963 年奠基，后因为文革，停建，直到 1983 年才落成。③尤梅幼儿园 1985 年落成，后易址重建，2003 年落成，仍用旧名，捐款者是兄弟。④华侨大学天桥 1996 年落成，后因道路拓改，于 2014 年拆除。⑤陈延奎大楼 2015 年已经封顶，至今未正式完工。

根据表 1，可以发现华园中的菲律宾侨捐具有以下特点。

（一）侨捐数目多、门类齐全

从表 1 可以看出，从 1985 年到 2015 年，三十年间，捐主是菲律宾华侨的建筑有 20 座之多；如果把捐主父辈是菲律宾华侨，或捐主本人年幼时投奔父母、亲戚到过菲律宾，或早期在菲律宾创业也算进去，则达 29 座之多（不包括众华侨捐建的陈嘉庚纪念堂，以及 1994 届华侨与港澳台毕业生立的"怀恩树",否则有 31 座)。29 座菲律宾侨捐中，27 座在泉州校区，2 座在厦门——此厦门的二座，都是陈永栽捐建，一是 2003 年华文学院校庆 50 周年之际落成的新大门，另一是厦门校区 2015 年封顶的陈延奎大楼。

侨捐的门类也相当齐全。有体育场所、运动设施，有幼儿园，有学生活动中心、教师活动中心，有湖泊景观，有办公楼、教学楼，有医院，有大门，有天桥，有信息网络中心，有展览馆，有报告厅，有学生宿舍，几乎所有功能都考虑到了。

(二) 20 世纪 80 年代菲侨的"雪中送炭"

"文革"后复校的华侨大学，百废待兴，尤其是建筑物，零零星星，是菲律宾华侨们雪中送炭，捐建了一栋栋楼宇——清一色的菲律宾侨捐，使得华侨大学顿时面貌一新。引人注意的是，整个 80 年代，菲侨在华侨大学捐建了不少楼宇，极大地缓解了华侨大学办学、发展中的具体困难。

菲侨捐建的项目包括运动场地、健身场所、教学楼等。例如：李国箴捐建的李回咤体育馆和操场看台，丁魁梧捐建的丁氏体操馆，白留海捐建的莲雪楼、田径场，它们使得华侨大学的体育事业捷足先登、如虎添翼；以母亲尤梅名字命名的幼儿园，让广大教职工没有后顾之忧；以弟弟名字命名的学生活动中心，活跃了学生的课余生活；以夫君名字命名的秋中湖，让师生有放松身心的好去处；以父母名字命名的教锯楼和算治馆，让华侨大学建筑学专业得以迅猛发展；还有校庆 30 周年之际，菲律宾诸贤达合力捐建的菲华教学楼，改善了华侨大学的办学条件。

值得一提的是，为纪念车祸遇难的胞弟庄金川 (1956—1981)，庄启程、柯敏月夫妇捐建了金川活动中心。1988 年 10 月 25 日举行落成典礼，庄母和亲友专程来华侨大学参加，其中有捐主庄启程的挚友杜特尔特——菲律宾现任总统 (Duterte，庄启程译为"杜德智")。合影时，庄启程一边是夫人，另一边就是杜德智，可见交情非同一般。杜德智及其早逝的父亲，与庄启程是世交，杜德智还是庄启程孩子们的干爹。在 2016 年 4 月 12 日，庄启程到菲律宾看望一百岁高龄的母亲时，顺便约见正在竞选菲律宾总统的杜德智，并共进晚餐。朋友间有多大影响力，"知华派"与"知菲派"可大胆猜测。捐主们的"人脉""关系网""朋友圈"，从事周边公共外交研究的时候，如果忽略掉，会很可惜。

华侨大学30周年校庆之际，菲华楼落成典礼举行。这是菲律宾爱国侨胞送给祖国家乡的一份厚礼，可惜有些捐主的信息，知者寥寥，即使档案馆也毫无踪迹。这不能不说是一大遗憾。

（三）侨捐工程命名充满正能量

历尽艰辛、创业有成的菲律宾华侨，他们用行动来表达对祖国、家乡和父母的一往情深。读碑刻——奠基石与楼志，并了解其背景后，无不深受教育。仅仅命名方式上，就充满了正能量：或感恩父母，或情系手足，或伉俪情深，或模范夫妻，或友谊长存，或心系母校，或寄望后生，给人以积极影响。

其中以孝子纪念父母的为多，有十多个建筑：李回咤体育馆，尤梅幼儿园，莲雪楼，教锯楼（含算治馆），玉峰楼，烜笙展览馆，庄为烜报告厅，陈延奎大楼，以及没有出现父母名字的敬萱堂和泉州校区大门。此外，也有纪念亡儿、兄弟、夫君以及世交好友，有些侨捐楼志、奠基碑文等读起来至今令人肃然起敬，又忍不住潸然泪下。

（四）多人不止一次捐建

捐主量力而行，捐款额度有大小，可贵的是，有的菲律宾华侨多次捐助华侨大学办学。其中，李国箴捐建3次，白留海2次，陈永栽3次，庄善春5次。

庄善春先生，籍贯泉州市，医学博士，当医生，悬壶济世。他医术精湛、医德高尚，不爱名牌和豪宅，生活简朴。据他妹妹说，庄善春有一条裤子，五十八年了，不舍得丢掉，拿出来修改后再穿；甚至将其收藏的字画等变卖后，将款捐给华大。可见他对华侨大学的一片爱心。最近，又捐了两百万。当学校董事会表示感谢时，95岁高龄的庄老先生却说："谢谢你们给了我尽心尽力的机会。"

（五）捐主的籍贯等信息

历年来菲律宾华侨对华侨大学的捐助，可以列表如下（表2）。

表2 菲律宾捐主信息一览表

序号	姓名	籍贯	年龄	校董	备注（部分头衔）
1	李国箴	晋江	1912—2007	否	菲华协会名誉董事长
2	李木杉	晋江	不详	否	不详
3	丁魁梧	晋江	?—1995	是	东南亚体坛闻人
4	庄启程	晋江	1940—	是	厦门大学校友，与菲律宾现任总统杜特尔特是挚友
5	陈王如琪	?	不详	否	夫君陈秋中博士，是厦大校友，化学博士，其四叔陈允敦是华侨大学教授
6	白留海	泉州	?—2015	否	溪亚婆中西中学（崇文书院）董事，夫人施美玉是施文种妹妹
7	施文种	晋江	前两三年去世	否	华侨大学咨询委员，父亲施教锯是菲律宾抗日烈士
8	郑龙溪	南安	1915—1996	是	菲华商联总会理事长
9	姚荣辉	晋江	1927—	是	菲华商联总会理事长
10	黄呈辉	晋江	1939—2013	是	菲华商联总会董事兼第一副理事长
11	陈本显	晋江	1934—	是	菲律宾化工原料总商会理事长，热心社会公益尤其是教育事业，发起成立"菲华体育总会"、发起组织"菲律宾华文教育研究中心"、参与发起组织"菲律宾中国和平统一促进会"
12	蔡玉峰	晋江	1923—1989	否	蔡聪妙之父
13	刘栋梁	不详	不详	否	不详
14	洪文炳	晋江	1922—	否	在菲律宾投身抗日
15	杨思椿	晋江	1913—	否	经营进出口业务
16	蔡聪妙	晋江	1949—	是	菲律宾友华推手，1993年随菲律宾前总统罗慕斯访华，菲华商联总会最年轻的理事长（2005）

序号	姓名	籍贯	年龄	校董	备注（部分头衔）
17	施子清	晋江	不详	是	香港著名企业家和社会活动家，尤擅长书法，又通晓诗词书画；"一门五父子，全家皆政协"
18	陈台权、陈台护兄弟	南安	哥哥90年代末去世	否	父亲陈荣渔为布业之翘楚，曾参加抗日后援会
19	庄妈珍	惠安	捐款后不久去世	否	庄善裕老校长的大哥庄善约的亲家
20	蔡永亮	晋江	不详	是	菲华商联总会副理事长
21	陈守仁	泉州	1930—	是	成立"陈守仁家族福利基金会"
22	施良侨	石狮	1937—	是	泉州五中校友，社会兼职很多
23	洪祖杭	晋江	1948—	是	先后捐资一亿三千多万元于国内教育及体育事业
24	陈永栽	晋江	1934—	是	华文学院前身集美华侨学生补习学校校友，"菲律宾首富"，屡屡出资开展"挽救行动"与"留根工程"
25	庄善春	泉州	1922—	是	老校长庄善裕的二哥，医学博士
26	庄善多	泉州	不详	否	老校长庄善裕的三哥，化学博士，华侨大学董事会咨询委员
27	戴国兴	泉州	1953—	是	组织华文教育基金会，创办"泉州现代中学"

表2中的捐主，已经查到的信息显示：

1. 籍贯方面，晋江的居多，有16个；另外，泉州（市区）5个，南安3个，石狮1个，惠安1个。

2. 年龄方面，根据笔者目前的考证，最大的是1912年出生的李国箴，最小的是1953年出生的戴国兴，今年已经63周岁。

3. 其中有15人是华侨大学校董，但也有11人不是校董，且早期的捐主大多不是校董。

4. 有的捐主捐款给华侨大学前就已经与华侨大学有"关系"，比如亲戚关系、校友关系。

5. 捐主事业有成，是业界翘楚外，还有的捐主与政界人士交情不错，是不折不扣的"友华推手",如庄启程、蔡聪妙。

6. 有的是幕后英雄,比如庄善多。他是庄善春的弟弟,庄善裕老校长的三哥,菲律宾 University of Santo Tomas(圣托马斯大学)化学博士,任菲律宾十余华侨社团及商务机构秘书或秘书长、顾问。担任华侨大学董事会咨询委员期间,庄善多团结旅菲华侨华人,为支持华侨大学发展以及在菲律宾开展华文教育奔走呼吁。

这些捐主对华侨大学的发展有着巨大的贡献,却有不少基本信息"不详"——即使遍查华侨大学档案馆,也一无所获。可见,抢救性的"侨捐资料库"建设迫在眉睫,势在必行的完善工作任重道远。

三、华侨大学侨捐楼志与对外交流

据笔者考据,华侨大学的第一块侨捐碑铭是陈嘉庚纪念堂的奠基石(1963 年),第一个楼志则是 1987 年的"丁氏体操馆志",它由旅菲校董陈秋中先生建议并草拟。该楼志繁体竖写,内容如下:

丁氏体操馆志

旅菲华侨丁魁梧先生,福建晋江陈埭人。任菲律宾国家体委委员、排球总会副主席兼司库、网球总会副主席、射箭总会副主席,系东南亚体坛知名人士。其哲裔伟芳、伟廉兄弟为全菲大学联赛网球、篮球选手,体坛新秀。一九八零年穑不幸车祸罹难,英年早逝。丁先生设"丁氏兄弟体育纪念基金会"志念。丁先生爱国爱乡,致力体育事业,尤热心两国间体育活动之交流。一九八七年春建综合体操馆于本校,曰"丁氏体操馆"。

华侨大学　立

泉州十二岁学生林少宏书

公元一九八七年四月　日

且看陈秋中 1985 年 3 月 10 日致华侨大学的信第一页(原稿繁体手写)。

关于丁魁梧君捐建"综合体操馆"一事，兹提出以下数点建议：

①外侨一般因当地问题均不敢宣扬对国内捐建事，但丁君应是极少数不顾虑此者，故我意应于建成后大力宣扬，以起到抛砖引玉的作用，使华大与海外关系能进一步扩大和加强。

②馆落成典礼我鼓励丁君返泉揭幕，并有可能带此菲方友人同往一游华大。

③此馆命名请华大主裁，"魁梧综合体操馆"或"丁氏综合体操馆"，任取其一，丁君皆认可。

④此事中国驻菲大使至为注意，前日大使陈嵩禄夫妇曾领馆员赴丁家聚叙，对此极为鼓舞兴奋。

⑤馆成后除命名外应立一文刻石，我大胆代拟一文，请华大根据此由名家修改，以臻完善。

早在1981年秋，陈秋中就牵线搭桥，拟在将要建好的陈嘉庚纪念堂内，由丁魁梧捐赠华侨大学健身室全部设备，并命名为"丁氏兄弟健身纪念室"，且草拟志文。他还建议在"健身室中挂丁氏兄弟油画一幅，并一纪念铜牌"，说："本铜牌大小华大研究可也，不必太大，只求目的"，"此属纪念性目的，在其他华侨返国参观后能起'抛砖引玉'之举，星洲南洋大学即用此法，国外亦多用此法，能起大作用，不可忽视。"

华大秋中湖景观不错，名气不小，但许多人不知道为什么叫"秋中湖"。如果看到华侨大学立于"一九八九年岁次己巳中秋"的《秋中湖志》，估计就豁然开朗了。湖志繁体竖写，部分内容如下：

"故校董陈君秋中博士（一九二七——一九八七）"，"平生抱负报效祖国，以发展高等教育、培植大量英才为职志。华侨大学复办时，君在海外积极筹划，团结爱国力量，运用多种形式，支援基本建校及各种设施，不遗余力。并对华大今后发展，提供诸多卓越建议，使学校建设规模，更臻美备。为纪念君之业绩，乃以秋中湖命名，用昭永世。谨志。"

见多识广的陈秋中，某年6月22日写给四叔——华侨大学陈允敦教授的信，开头如下（原稿繁体手写）：

"我在美三周又匆匆返菲，八月须赴南非。

华大邀请名单，其中3/4名不见经传，不知何方人士，但反正受邀者不一定会返泉也就算了，但自此可见国内对外认识之差。"

忧虑之心天日可鉴。

"国际化"是高校办学的必然选择与必由之路。建校以来，华侨大学一直沿着国际化的道路不断发展进步，尤其近年更是高度重视国际化办学工作，推进学校的国际化发展。华侨大学国际学院网站上可见的最早留学项目，是1992年10月启动的赴日本长崎县立大学的交换留学生项目。

其实，1986年设立"陈守仁家族福利基金会"的当年，陈守仁也在菲律宾大学设立了"陈守仁基金会"，资助华侨大学及菲律宾大学师生研读交流经费。略早于他，丁魁梧已出资，联系并促成华侨大学教师代表赴菲律宾尤其是菲律宾大学考察交流。

早在1983年4月10日，陈秋中给华侨大学校长汪大铭的信件末尾，这么说（原稿繁体手写）：

"希望华大能展开国外活动，但请注意与国外联络公文最好以校长一人签署为好，不可列名太多，海外无此习惯。

如有须效力之处祈示知为荷。"

陈秋中是厦门大学校友，受陈嘉庚的影响，事业有成后，身体力行，为祖国家乡的教育事业出钱出力、奔走呐喊，带动亲朋好友以及热心人士一起，大力襄助华侨大学的办学与发展。

四、结语

窥斑见豹，华侨大学的发展得到众多菲律宾华侨的帮助。随着"侨捐资料库"建设的完善，他们的背景和贡献不断地被挖掘出来。他们是华侨大学的恩人，是中菲友谊的使者。华侨大学的菲律宾侨捐工程是中菲关系永远的见证者，多角度研究他们，势必进一步推动华侨大学的国际化发展，也有助于中菲关系良性发展，更好开展中国的周边公共外交。

【参考文献】

［1］胡萍．华侨大学侨捐工程碑刻评说．九州出版社，2016．

华侨大学　文学院

高校在 2011 计划协同创新中的角色初探[*]

——以华侨大学为例

李雪芬

摘　要: "2011 计划"即高等学校创新能力提升计划,是以人才、学科、科研三位一体创新能力提升为核心,通过构建面向科学前沿、文化传承创新、行业产业以及区域发展重大需求的四类协同创新模式,深化高校机制体制改革,转变高校创新方式,促进产学研协同创新,推进双一流大学建设。在国家大力推动协同创新的新形势下,大学应充分发挥自身优势,抓住契机,通过内涵发展推动协同创新。高校在协同创新中有以下 4 个角色:体制机制创新角色、培养创新人才角色、提升学科创新能力角色、提高学校科研创新水平角色。

关键词: 高校;2011 计划;协同创新;角色;华侨大学

随着经济社会不断发展,创新已成为经济社会发展的主要驱动力,知识创新力成为国家竞争力的核心要素。面对日新月异的科技发展,迫切需要转变创新理念和模式,加大知识创新力量和资源的整合与重组力量,促进科学

* 基金项目:2017 年度福建省中青年教师教育科研项目"我为建设新福建献良策"(统一战线工作专项)。

研究、技术创新、产业发展和社会进步。高等教育作为科技生产力和人才资源的重要结合点，在国家科技创新体系中发挥着十分重要的作用。作为知识创新主要基地的高校是推进科技创新的主力军。在建设创新型国家的进程中需要推动高校与社会各种力量协同创新、共同发展，从而加快推进创新型国家建设的进程。

2012 年教育部和财政部联合启动实施的"高等学校创新能力提升计划"（以下简称"2011 计划"）。"2011 计划"离不开协同创新，协同创新与传统意义上的"科技合作""产学研结合"有着重要的区别。协同创新是一种高等教育思想和理念的转变，是更深层次的改革和创新；协同创新的理念是与教育体制改革、科技体制改革紧密相联的，是推动科技成果的转化和产业化的更深层次的变革。与以前实施的"985""211"有很大的不同，"2011 计划"提出"以体制机制创新改革引领协同创新，以协同创新引领高等学校创新能力的全面提升"的要求，力争突破高校内部以及与行业之间、企业之间科研院所校之间的机制体制壁垒，深度合作，使创新要素自由地流动组合，探索适应不同需求的协同创新模式，营造有利于协同创新的文化氛围，加速建立能够冲击世界一流的新优势和新实力[①]。"协同创新"的核心是协同，目标是通过体制机制创新突破阻碍大学创新的各种障碍，在某种新的体制机制下，使不同的创新主体为了一个或者几个共同目标高效地发挥作用，最后达到 1 + 1 大于 2 的效果。

一、"2011 计划"的背景和意义

2011 年 4 月 24 日，时任中共中央总书记的胡锦涛在清华大学百年校庆上的讲话中提出"高等学校创新能力提升计划"，特别强调，"要积极推动协

---

① 教育部财政部关于印发高等学校创新能力提升计划实施方案的通知（教技［2012］7 号）[EB/OL].［2012 – 05 – 04］. http：//www. moe. gov. cn/srcsite/A16/kjs_ 2011jh/201205/t20120504_ 172764. html.

同创新，通过体制机制创新和政策项目引导，鼓励高校同科研机构、企业开展深度合作，建立协同创新的战略联盟，促进资源共享，联合开展重大科研项目攻关，在关键领域取得实质性成果"。为贯彻落实胡锦涛同志的讲话精神，促进高校教育与科技、经济、文化的有机结合，推动高校"面向现代化、面向世界、面向未来"，大力提升高等学校的创新能力，从 2011 年 5 月起，教育部、财政部组成联合工作组，深入地方和高校调研，组织专家反复研讨，提出了以协同创新为主体的"2011 计划"，确定了推进高校人才培养、科学研究和机制体制协同创新一体化改革的总体思路征求意见稿。之后，又经过多番咨询、征求意见和进一步修改完善，于 2011 年 12 月报国家教育部改革领导小组通过。2012 年 3 月 23 日，在全面提高高等教育质量工作会议上，教育部、财政部联合颁发了《关于实施高等学校创新能力提升计划的意见》，决定启动实施"2011 计划"①。

二、"2011 计划"的总体思路

"2011 计划"的指导思想是按照"国家急需、世界一流"的要求，瞄准科学前沿和国家发展的重大需求，以重点学科建设为基础，以机制体制改革为重点，以创新能力提升为突破口，大力推动协同创新，充分发挥高等教育作为科技第一生产力和人才第一资源重要结合点在国家发展中的作用，支撑经济社会又好又快地发展②。

"2011 计划"的主要内容可以简要地归纳为"1148"，即一个根本出发点，一项核心任务、四类协同创新模式的探索和八个方面的体制机制创新改革。即以"国家急需、世界一流"为根本出发点；以人才、学科、科研三位一体创新能力提升为核心任务；以协同创新中心为载体，构建四类协同创新

① 姚晓丹. "2011 计划"，协同创新第一步 [N]. 光明日报，2012 – 05 – 16 (16).
② 杜占元. 在全面提高高等教育质量工作会议上关于"2011 计划"有关情况的说明 [EB/OL]. [2012 – 03 – 22]. http://old. moe. gov. cn//publicfiles/business/htmlfiles/moe/moe_ 176/201205/136255. html.

模式：科学前沿、行业产业、区域发展以及文化传承创新的重大需求。通过大力推进高校协同创新组织管理、人事制度、人才培养、人员考评、科研模式、资源配置方式、国际合作以及创新文化建设等八个方面的改革，最终实现高校创新发展方式的根本转变①。

"2011 计划"重在内外结合，重在机制体制改革，重在通过推动高校与其他创新力量的融合发展，实现国家整体创新能力的提升。其主要目的在于通过"创新、引领"推动高校与其他创新力量的融合发展，促进教育、科技、经济、文化的融合，探索高水平大学建设的规律，从根本上实现高等学校创新能力的提升，推动知识创新、技术创新、区域创新的战略融合，在国家创新体系建设中发挥重要作用，从而实现国家整体创新能力的提升②。

三、高校在"2011 计划"中的角色

在国家中长期科学和技术发展规划纲要（2006—2020 年）中提出了以企业为主体、产学研结合的技术创新体系，并提出大学是我国培养高层次创新人才的重要基地，是我国基础研究和高技术领域原始创新的主力军之一，是解决国民经济重大科技问题、实现技术转移、成果转化的生力军。因此，作为高等教育体系中数量居多的高校应在国家协同创新体系中体现出应有的创新作为③。

"2011 计划"要求高校把提升人才创新意识、学科创新能力、科研创新水平统一起来，瞄准世界科技前沿，面向国家发展需求，推动校校、校企、校地合作及国际合作，形成一批创新团队，培养一批拔尖创新人才，产生一

---

① 王延觉. "2011 计划"与协同创新 [EB/OL]. [2014 – 05]. http：//www. jinchutou. com/p – 2042457. html.

② 教育部 财政部关于实施高等学校创新能力提升计划的意见（教技 [2012] 6 号.）[EB/OL]. [2012 – 03 – 15]. http：//www. moe. gov. cn/srcsite/A16/kjs_ 2011jh/201203/t20120315_ 172765. html.

③ 马海泉，任焕霞. 协同创新是提高高等教育质量的重要抓手 – 天津大学校长李家俊访谈 [J]. 中国高校科技. 2012（8）：4 – 6. http：//www. tsinghua. edu. cn/publish/thunews/9650/2012/20120523141259090819689/20120523141259090819689_ . html.

批标志性的科研成果①。以华侨大学为例，在"十二五"期间，在人才培养、学科建设、科学研究、师资队伍建设、为侨服务等各个方面均取得了突破性进展。学校积极参与共建"国家文化软实力研究协同中心"，积极申报"福建省 2011 协同创新中心"。学校各机关、各单位积极配合、做好相应的组织、策划和研究工作，认真组织实施，同时充分调动和发挥不同专业领域专家的聪明才智，在认真学习和深刻领会"2011 协同创新中心计划"核心精髓的基础上，针对我校人才、学科、科研的特色和优势，提出符合学校自身特色的协同创新项目，努力在新一轮国家级创新工作中占有优势地位。

（一）体制机制创新角色

华侨大学非常重视 2011 协同创新中心的建设，从学校层面成立 2011 计划领导小组及其办公室，用于有效协调校内有关部门给予协同创新中心最大的支持。学校具备雄厚的基本建设、基础设施、平台与仪器设备、图书资料、资源库和数据库等基础条件保障。不断探索体制机制创新，中心实行主任负责制；开展了以 PI 管理制的项目运作模式。通过不断优化管理机制，提高了管理水平和运行效率。协同创新中心实行课题责任人负责制的项目管理体系，已经初步建立了面向市场开放、流动、竞争、协作的运行机制。人事管理制度上，通过设立"人才学术特区"，突破传统人才归属制度，支持和鼓励协同单位之间人才互聘与流动，为协同创新的工作开展提供基础平台。协同创新中心以项目为载体，按照"项目短期借用制"进行人员互聘流动，积极开展国内外合作交流，推动产学研发展。依托学校创新能力提升计划的实施成效，引导和整合学校现有重大项目、创新团队和省部级创新平台等资源，面向国家地方及行业产业重大需求，促进多学科领域的交叉融合，面向国家地方及行业产业重大需求，积极促进多学科领域的交叉融合，申报或参与获得的国家级重大项目、创新团队和省部级创新平台等，有了较大突破。同时，

---

① 教育部 财政部关于实施高等学校创新能力提升计划的意见（教技〔2012〕6 号）［EB/OL］. ［2012 - 03 - 15］. http：//www. moe. gov. cn/srcsite/A16/kjs_ 2011jh/201203/t20120315_ 172765. html.

跟踪主管部门政策导向，结合我校实际，进一步与财务、人事等部门沟通协调，在经费使用、团队建设、仪器设备等方面探索创新管理模式，提升 2011 协同创新中心管理服务成效。

（二）培养创新人才角色

培养高层次创新创业人才，不仅是国家具有深远战略意义的重大需求，也是大学首要的、根本的任务和崇高的使命，是对国家和社会最重要的贡献[6]。华侨大学通过不断汇聚国内外知名专家学者，搭建多元化创新实践平台，提升青年教师和研究生的开放性、国际化视野。学校现有"国家杰出青年科学基金"获得者、"国家千人计划创新类长期项目"入选者、"外专千人计划项目"入选者、"青年千人计划"项目入选者、国家"百千万人才工程"入选者、"全国文化名家暨'四个一批'人才"入选者、"国家高端外国专家（文教类）项目"入选者、教育部"新世纪优秀人才支持计划"入选者、教育部"高等学校优秀青年教师教学科研奖励计划"入选者、教育部"优秀青年教师资助计划"入选者、教育部"高等学校骨干教师资助计划"入选者和历年享受国务院政府特殊津贴专家共 100 多人；有福建省"引进高层次创业创新人才（百人计划）"入选者、福建省"外专百人计划"入选者、"福建省海西产业人才高地创新团队领军人才""福建省杰出科技人才""福建省优秀专家""福建省高等学校百名领军人才""福建省科技创新领军人才""福建省'百千万工程'领军人才"、福建省"百千万人才工程"入选者、"福建省优秀青年社会科学专家""福建省青年科技奖"获得者、福建省"闽江学者奖励计划"特聘教授、福建省"闽江学者奖励计划"讲座教授等各类高层次人才近 300 人；有科技部"创新人才推进计划——重点领域创新团队"、教育部"长江学者和创新团队发展计划"创新团队等各级团队多个。近年来，学校教师先后获国家科学技术奖、教育部高校科学研究优秀成果奖等多项重要奖项。"2011 计划"的首要任务就是集聚和培养创新人才。为了培养适应知识经济时代的高素质创新型人才，深化人事制度改革，采取"引进、培养"并举的方针，主动寻求、吸引有国际视野、活跃在国际科技学术前沿的高水平人才，建立"人才特区"，面向海内外公开招聘学科带头人，以增强教师队伍的国际竞争力，带动教师队伍整体水平的提高。

（三）提升学科创新能力角色

华侨大学注重学科内涵建设，致力于建设以华文教育和中华文化传播为特色，以工程学科为优势，形成文理渗透、理工结合、工管相济、协调发展的学科体系，使学校综合实力得到新提升和新飞跃，使学科布局得到稳步提升，形成优势特色的学科着力点。其中基础学科、工程与应用学科得到了进一步的加强，整体学术创新能力得到进一步增强。据美国 ESI（Essential Science Indicators）2017 年 5 月的最新数据显示，华侨大学进入全球前 1% 的学科达到 3 个，目前与福州大学同列福建省高校 ESI 学科数第二位。坚持有所为、有所不为的原则，进一步整合学科优势，发挥理工、经济、旅游等特色学科的研究优势，开展材料、机械、生物医学、区域经济、旅游等学科特色合作研究，开展海上丝绸之路沿线国家华人华侨地区科技协同发展项目，联合申报国家基金国际合作项目，做好沿线国家及我国急需的重点科技联合研发攻关项目。并根据学科发展前沿和国家战略需求，集中力量，重点建设，提高学校整体的学科实力。与此同时，学校要加大力度，通过学科交叉和不同学科之间的深度合作，实现强强联合，努力营造鼓励合作和学科交叉的学术氛围并加强制度建设，以进一步提升学校整体的学科创新能力。

（四）提高学校科研创新水平角色

华侨大学一直加强基础研究和前沿技术研究，加强科研团队建设，夯实科研平台建设基础，打造高水平科技创新队伍，充分调动广大教学科研人员申报科研项目的积极性与主动性，积极承担国家省市地方各类科技项目。"十三五"期间，科研经费年平均增长率超过 10 %，并在申请国家级重大科研项目上取得较大突破。形成一批具有国际影响力的科研成果。根据福建省教育厅、财政厅等六厅局联合下发的《关于实施福建省高等学校创新能力提升计划的意见》（闽教科［2012］79 号）。华侨大学高度重视，积极组织、策划和研究，并认真组织实施。积极帮助和支持企业尽快确立技术创新主体的地位，与企业共同支撑起我国的技术创新体系[①]。目前我校牵头组建或参与组建的国家省校级协同创新中心近十个。2013 年 11 月 23 日，教育厅、财政厅公布了"2011 计划"的首批入选名单，4 大类共计 15 个协同创新中心获得认定，10 个协同创新中心获得培育。由华侨大学作为牵头单位申报的华侨大学—国家钨业材料工程技术研究中心—武汉华中数控股份有限公司等 12 个单位"石材产业加工技术与装备协同创新中心"获得区域发展类型协同创新中心。华侨大学作为牵头单位申报的华侨大学—中国社会科学院文化研究中心—香港凤凰卫视等 6 个单位"海外华文教育与中华文化传播协同创新中心"获得文化传承类型协同创新中心。这些工作为我校进一步推进 2011 协同中心建设打下了坚实的基础并积累了丰富的经验。华侨大学应充分利用承担的多项国家重大科技项目的科研优势，发挥学术引领作用，促进多学科、跨学科的合作和融合，形成优势互补，结构合理的学术梯队，培育国际一流水平的科研创新团队，提升科研创新能力，集中力量共同完成重大项目的科技攻关，产生具有显示度、前瞻性的研究成果。同时要不断拓展全球视野和战略眼光，加强国际交流合作，努力引领科学研究和技术创新的前沿和方向，在全球科技竞争中赢得优势和主动权。

四、结语

"2011 计划"的实施，为高校进一步提升创新能力提供了良好契机，更为高等学校在原有基础上进一步调整完善科技合作创新机制，探索建立更高层次的协同创新体系提供了难得的机遇。成功实施"2011 计划"，对于大力提升高等学校的创新能力，全面提高高等教育质量，深入实施科教兴国、人才强国战略，都具有十分重要的意义。

高校是国家整体科研力量的重要组成部分，既有学科优势，又有人才优

---

① 陈吉宁. 大力推动协同创新 全面提高高等教育质量 [EB/OL]. 2012 – 5 – 23 .

势，拥有从事科研活动的一支生力军。在国家大力推动协同创新的新形势下，华侨大学应进一步发挥办学优势，在体制机制创新角色、培养创新人才角色、提升学科创新能力角色、提高学校科研创新水平角色等方面，开阔思路，转变思维，将"协同创新"理念贯彻到人才培养、学科建设和科学研究中，瞄准世界科学前沿，通过协同创新中心的建设，有效地整合各种创新资源，聚集和培养一批拔尖人才，攻关共性技术难题，通过中心平台提炼协同创新机制，发挥基础研究与应用研究优势，形成优势互补机制。力争进一步扩大我校的优势地位，带动我校的发展，为"福建急需、国际一流"作出更大的贡献。

【参考文献】

［1］袁贵仁. 在"高等学校创新能力提升计划"工作部署视频会上的讲话 ［EB/OL］. ［2012 – 05 – 07］. http：//old. moe. gov. cn//publicfiles/business/htmlfiles/moe/moe_176/201205/135419. html.

［2］欧可平. "三箭齐发"协同推进高水平大学建设 ［J］. 中国高校科技，2012（9）：4 – 8.

［3］殷翔文. 高校协同创新的角色定位与价值追求 ［J］. 中国高校科技，2012（7）：9 – 13.

［4］李建林. "2011 计划"：高校协同创新的战略指针 ［J］. 中国教育报，2012 – 10.

华侨大学　科学技术研究处

高校青年教师消费行为存在的问题及对策

林益萍

摘　要：高校青年教师是社会的消费主体之一，学历层次高，收入待遇可观，具有该群体特有的消费文化，消费行为蕴含着实用主义、后现代主义、个性主义的价值倾向，并伴有人情文化与流行文化的现代消费特征。在扬弃中国传统消费行为的过程中，受到多方面综合因素的影响，高校青年教师的消费存在着不科学的消费理念和消费行为。通过分析问题的成因，有利于为引导高校青年教师树立正确的消费观和矫正不良消费的行为提供对策。

关键词：高校青年教师；消费行为；问题；对策

在当前形势下，拉动消费增长是经济新常态的主要特征之一，消费对于促进中国经济社会发展的作用日益突出。高校青年教师是社会的消费主体之一，学历层次高，收入待遇可观，具有该群体特有的消费文化。作为高等教育教师领域的青年力量，对于整个社会消费方式的建构有着不可忽视的作用。然而，在实际情况中，受到综合因素的影响，高校青年教师的消费行为与科学消费观念并不完全一致，这对于其消费观的塑造与育人者示范角色的扮演十分不利。因此，探究高校青年教师消费行为中所表现出来的问题成因，并提供相应解决对策势在必行。

一、高校青年教师的消费结构与文化

随着国家在高等教育领域财政投入的加大，中国高校教师曾经低收入的形象已然成为历史，相对以前，高校教师的收入水平与生活质量也有了显著的提升。高校教师数量随着高校学生规模的扩大有了迅速增长，其所具有的工作的稳定性、良好的待遇和较高的社会地位等方面的职业特点，吸引着越来越多的人将高校教师作为求职首选。目前，高校青年教师已成为具有相当规模且稳定的消费群体，有着独特的消费结构与文化，而育人者的身份又决定了其对于大学生群体消费观树立的导向作用。对高校青年教师的消费结构及文化进行分析，是理解高校青年教师的消费行为的重要切入点。

（一）当代高校青年教师的消费结构

消费结构是不同类型消费的比例关系，主要分为物质消费与精神消费两个层面，前者通常表现为实物消费，后者则表现为价值消费。具体而言，消费结构在要素层面主要是生存资料、享受资料和发展资料之间的比例关系。而高校青年教师的消费结构，主要分为基本生活消费、科研消费、文化娱乐消费、人际交往消费等方面：

第一，基本生活消费。马克思认为，"全部人类历史的第一个前提无疑是有生命的个人的存在。因此，第一个需要确定的事实就是这些个人的肉体组织以及由此产生的个人对其他自然的关系。"高校青年教师在基本生活消费领域概莫能外，却又有着自身的特点，例如，高校青年教师对于饮食的认知更加注重食品的营养与种类。而且对于高校青年教师来说，丰富的选择性与较强的支付能力，使得饮食消费超越了仅仅维持生存的层次，而是更加注重品质与环境。西方舶来的饮食文化更容易为高校青年教师所接纳，而具有本土地方特色的饮食也成为高校青年教师日常光顾的地方，具有小资情调或风格鲜明的主题餐厅，往往是高校青年教师们节假日聚会的首选。在日常衣物等消费品选择上，随着互联网消费平台的繁荣发展以及传统和新生国内外品牌不断涌入市场，高校青年更加注重产品品牌与质感。而商品房、私家车这类高消费品则普遍是高校青年教师刚需的消费目标首选。

第二，科研消费。科研消费主要是指在科研上的开支，包括进行科研项目、发表论文、职称评选、参加学术会议以及图书出版等等。教学与科研是高校青年教师两大重要主题，教学是高校青年教师的首要任务，科研则是青年教师晋升的重要途径，青年教师根据自我发展需要，在科研方面的消费也占有一定的支出比例。刚进入大学工作的高校青年教师相较于副教授及以上教师群体，往往因为学术资历限制，需要自己承担部分开支，无法通过科研项目报销。

第三，文化娱乐消费。在闲暇生活中，高校青年教师热衷于上网、阅读、艺术欣赏等，这些活动都具有较强的独立性；而诸如参加课题研讨、文体活动等需要集体参与的交往性活动，也占有一定比例。随着家庭收入水平的提高、寒暑假休息时间的固定性，越来越多的高校青年教师热衷于旅游。此外，高校青年教师在娱乐消费上数额也相当可观，看电影、听音乐会、看戏剧表演、户外健身已成为生活娱乐的消费常态。

第四，人际交往消费。同事、师生、老乡等人际关系中的社会交往在高校青年教师消费比例中占据着举足轻重的地位，比赛获奖、工作晋升等都要请客，否则便被视为不够交情，人情世故所带来的消费是高校青年教师所不可避免的。人作为社会存在物，置身于一定的社会关系之中。高校青年教师的人际交往消费，不仅是自我社会交往的需求，同时也是与上级、同事、朋友维持良好关系的重要方式，因此人际交往消费是高校青年教师进行社会互动所必要的支出。

作为学历层次高、收入待遇好的群体，高校青年教师在消费时会有更多的主见和理性。由上述可知，虽然高校教师的消费结构总体合理，但比例关系依然存在不协调的问题，即高校青年教师的物质消费高于精神消费的比例，这与教师消费水平不断提高、社会主义市场经济建立以来物质产品极大丰富有密切的关系。

（二）高校青年教师的消费文化

在消费社会，消费文化是人们在消费过程中所表现出来的文化，高校青年教师的消费文化即是高校青年教师消费行为所表现出来的文化特征：

第一，理性消费中蕴含的实用主义文化。从实际情况出发的理性消费观念仍是当前高校青年教师奉行的主流思想。在消费的时候，高校青年教师考虑的第一要素是价格和质量关系，在选择商品的标准中，"性价比"总是高校青年教师考虑的首要因素。因为参加工作年限所限，高校青年教师的消费能力并不突出，他们在花钱时往往会比较谨慎，在实用和象征意义之间，更多高校青年教师选择的是前者。

第二，符号消费中蕴含的后现代主义消费文化。在现代社会消费至上者的世界里，"所有的欲望、计划、要求，所有的激情和所有的关系，都被抽象化（或物质化）为符号和物品，以便被购买和消费。"① 符号消费又存在两种符号表现形式：一是"趋同"，二是"示异"。高校青年教师的个性在其所处的环境以及自身的群体化特征面前，依然是屈从于"从众"特征的。这一特征表现为消费者会从众购买商品，而非从其本身的需求出发，以保证自己与群体的一致性，并走向攀比心理，许多人就是这样以拥有各类名牌作为炫耀的资本。

第三，形象消费中蕴含的个性主义消费文化。高校青年教师在这个崇尚个性的时代，站在时代的前沿，追求自我表达与独立精神，在消费层面往往有自己独特的见解。而商家往往正是根据这一点更加注重商品的包装与营销，将销售的产品营造成个性的象征，高校青年教师的消费心理恰恰与其契合。

第四，情感消费中蕴含的中国传统人情消费文化。高校青年教师的人情消费主要表现为两个方面，一方面，亲人、同学、朋友、师生之间的交往都离不开必要的经济基础，而社会的个体有关于交往和归属的需要，这种需要使得高校青年教师会积极通过消费方式与外界建立密切的联系，从而形成了

---

① ［法］让·波德里亚. 物体系［M］. 林志明，译. 上海：上海世纪出版集团，2001.

高校青年教师较高的人际交往消费支出；另一方面，高校青年教师正处于适婚年龄，婚恋消费是高校青年教师完成人生大事的必要支出，由于职业的特殊性与高校青年教师的个人经历，婚恋压力成为高校青年教师压力的重要组成部分。

第五，前卫性消费中蕴含的流行消费文化。前卫性是高校青年教师消费文化表现出来的超前性特质，即主要是消费对象与支付的超前，前者是追新求异，后者则是提前消费。高校青年教师的流行消费文化还表现在具有代表性和引领性层面，在超前消费的基础上，高校青年教师往往可以代表并引领一种新潮、一种趋势、一种现代消费文化和生活方式的发展方向，而其中最易于被引领的便是大学生群体。

二、高校青年教师消费行为的问题及成因

高校青年教师的消费结构与消费文化形成于该群体在实际生活中物色、选择、购买以及使用的消费行为，科学的消费行为将形成良性的消费结构与先进的消费文化，而不良的消费风气则不可避免地会对高校青年教师产生消极影响，及时发现高校青年教师消费行为存在的问题有利于对症下药。

（一）高校青年教师消费行为存在的问题

高校青年教师的消费结构与文化具有多样化的特点，其消费行为的导向仍是健康的，然而，不可否认的是高校青年教师的消费行为还是存在着一定的问题，基本上可以概括为理性与感性交融、人情消费陡增、攀比之风日盛。高校青年教师的消费行为主要存在以下几方面的误区：

第一，从众消费。人是社会关系的总和，在社会群体的压力下，从众主要表现为个体自觉或不自觉地跟随大多数人的意见，以规定自己的行为。在消费领域中，模仿是一种普遍存在的社会心理和行为，高校青年教师在消费行为中同样存在模仿的现象，一方面受到市场导向的影响，追求品牌与象征意义，另一方面则执着于同类群体的趋同消费。

第二，攀比消费。高校青年教师是高校教师群体的青年力量，追求时尚和名牌无可厚非，来自同辈群体的消费行为模式与价值观潜移默化影响着高校青年教师，同辈群体成员之间易产生心理认同感，当其内部成员购买新颖时尚的产品时，其他成员的趋同倾向易产生攀比心理。

第三，冲动消费。在当前社会，影像、互联网等技术的发展，加强了消费对象本身与所呈现在消费者面前形象的不一致性，高校青年教师在自控能力不强的情况下，极易受到外部宣传与身边同事的影响，从而产生冲动消费。例如面对琳琅满目的商品，影像对商品形象的再造，对于品牌的建立，都会对高校青年教师进行价值输入，在这个过程中，影像大于实物，冲动多于思考。

第四，人情消费。在一般意义上，中国是一个人情社会，人情往来与关系尤为重要，普通的婚丧嫁娶、人际交往支出必不可少，而对于高校青年教师来说，除了基本的人情消费，为获取学术资源，进行人情投资的现象也并不少见，这一不良的消费行为同时也反映了学术腐败。

（二）高校青年教师消费行为存在问题的原因

高校青年教师消费行为所表现出来的问题是多方面综合因素影响的结果，主要表现在以下几个方面：

第一，家庭原因。勤俭节约是中华民族的传统美德，这一优秀的消费传统并没有形成有效的家庭消费教育模式，对于高校青年教师而言，受家庭条件所限，消费教育的缺位导致了一些高校青年教师在成长过程中缺乏树立正确消费观的科学教育。与此同时，在社会各种不正确、不健康的消费文化的误导下，高校青年教师虽在专业领域有所专长，但依然会受到消极影响。

第二，西方消费主义思潮的蔓延。受消费主义的影响，在消费对象上人们消费的主要是商品的符号价值；在价值取向上消费被认为是人生的根本意义及终极目的；在消费功能上消费成为衡量经济社会发展的重要标准和呈现人存在的方式。在消费主义思潮下，消费是目的，人成了手段，而部分高校青年教师也陷入消费的沼泽中。

第三，媒体的不良诱导。弗洛姆指出："在19世纪，当你存够了钱才去买你需要的东西；今天，你用信用卡买你需要或不需要的东西，广告的效用主要是引诱你买东西，刺激你的欲望，你就是这样地被引诱"①。大众媒体是现代信息的主要传播途径，以其特有的且容易让人理解的方式，对高校青年教师的文化价值观的形成起着重要的导向作用。产品通过传媒的强势宣传，不断煽动高校青年教师的购买欲，这种金钱化、利益化的消费观对高校青年教师的消费观形成了不良的影响。

第四，高校青年教师独特的消费心理。高校青年教师在年龄特征上还处于趋向成熟的阶段，虽然不少高校青年教师的消费行为比较理性，但追求新奇、时尚、美感和个性是青年人消费行为的特点之一，高校青年教师作为高级知识分子亦有青年人对于潮流以及新鲜的追求，这也恰恰体现了青年人的独特的消费心理。

第五，环境因素。大学就是一个小社会。在校园里，高校青年教师的角色是一名教师，但同时他又是社会的一分子，其消费观不可避免地受整个社会大环境影响。高校青年教师现有的消费误区大多是当代中国社会消费生活的缩影，比如：庸俗的人情消费、不计承受能力的超前消费、炫耀消费和攀比消费，以追求高档、名贵商品为荣。这些都对高校青年教师的消费行为产生着深刻的消极的影响。

三、引导高校青年教师树立正确的消费观

消费由表层来看似乎是个人行为，但在本质上，消费及其内涵与外延都是社会精神文明的表现，更为重要的是，高校青年教师的育人者身份决定了其消费观念的塑造和培养直接影响着大学生群体正确消费观的塑造与培育程度，进而影响到整个社会风气的形成。所以，针对高校青年教师消费行为存在的问题，应该从加强消费方向性引导，转变不合理的消费方式，充分利用

---

① ［美］弗洛姆. 健全的社会 ［M］. 蒋重跃，译. 北京：国际文化出版公司，2007.

传播介体三个方面引导高校青年教师树立正确的消费观。

（一）加强消费方向性引导

消费引导指对消费行为进行方向性指导，以使消费行为健康化、消费结构合理化。通过开展消费教育，可以培养人们对消费之于社会生产、经济发展和社会进步的积极价值的认识，让人们懂得健康的、合宜的消费所必需的观念、知识、技能、方法，培养人们树立科学消费观，创造适合个人、群体和社会全面发展的新的消费模式。杜林曾指出："当大多数人看到一辆大汽车并且首先想到它所导致的空气污染而不是它所象征的社会地位的时候，环境道德就到来了。"① 而这种环境道德的践行，离不开政府对国民开展行之有效的消费教育。就内容而言，消费教育需要从消费理论与消费伦理两个方面着手：一方面加强消费基础理论教育，首先要消除不良消费，在高校青年教师倡导一种文明行为，加强自身修养，抵制畸形消费，鼓励绿色消费与共享消费。其次要提倡适度消费，既要以保证个体自身的身体健康为底线，又要考虑自己的真实需要，以人的全面发展、人性提升为目标，而不致使消费仅仅局限于外在的物质生活的享受，还应有助于人的内在的精神气质的养成②。最后要倡导积极向上的消费文化，反对不健康的精神文化消费，提高消费结构中的文化与教育内涵。

另一方面要加强消费伦理教育，通过弘扬主旋律，引导高校青年教师坚持艰苦朴素的作风；通过国情教育，使高校青年教师全面了解到我国目前发展的现状与问题；通过树立正确的消费观，引导高校青年教师将自己的劳动所得合理地用于消费，反对片面的储蓄观与节约观，鼓励科学消费、合理消费、健康消费。

（二）转变不合理消费方式

加强对高校青年教师消费行为进行规范和引导，不仅是必要的而且是可

---

① ［美］杜林. 多少算够——消费主义与地球的未来［M］. 长春：吉林人民出版社，1997.
② 赵玲. 消费合宜性的伦理意蕴［M］. 北京：社会科学文献出版社，2007.

行的。"随着文明的进化，人类的心理结构发生了革命性变化：人们能够抑制自己的欲望，将享乐的目标滞后，并通过劳动来实现被推后的享乐目标。"① 这一论点为我们检视个人消费的实现提供了理论支撑。美国一则名为"恳求负责任的消费"（A Plea for Responsible Consumption）的标题广告说道："今天，不同于以往，我们的生活方式必须抗议空前的增长对我们的环境造成的威胁。我们认为这个问题最好在我们购买一些东西之前就问一问自己，它是否是我们真正需要的一些东西，就能被很好地达到目的。通过采用这种方法，我们将对一个比较健康的消费态度贡献出一份力量。"② 这一广告明确地为我们指明了检视自我消费方式的可行方向。

可见，高校教师消费行为的规范不仅应该而且可能收到应有的成效。消费行为的从众特征，决定了高校青年教师消费行为往往是以同事、领导为模仿对象的。所以，高校切实加强消费行为的引导，使之起到良好示范作用。作为受过良好教育，掌握丰富知识的群体，高校青年教师的消费理应富有主见与理性。继承与扬弃中国传统的"节俭消费"观念，发扬新时期主流消费文化的价值引领，以此规范消费生活和消费行为，不断提高高校青年教师的生活品质，不铺张浪费，在满足生活需要的同时，提高精神消费的品位，增加在学习、智力方面的投资比例，对于教师本人和整个教育事业都是好事。而高校青年教师的育人角色，还有利于大学生科学、理性、审美消费观的正确引导。

（三）充分利用传播介体

介体是主客体之间互相联系与互相作用的中介因素，这一因素作用于主客体双方并且将两者联系起来。在类型划分上，根据不同的标准，介体可以表现为物质与精神介体、传统与现代介体等等。高校青年教师与正确的消费观念作为主客体双方，两者的良性互动离不开介体功能的发挥，在这里主要

---

① 王宁. 从苦行者社会到消费者社会［M］. 北京：社会科学文献出版社，2009.

② ［美］杜林. 多少算够——消费主义与地球的未来［M］. 长春：吉林人民出版社，1997.

是指高校青年教师社团与媒体平台。

通过挖掘和利用高校青年教师自我学习和自我教育的潜能，建立和发展相关高校青年教师社团和校内媒体平台，开展形式多样的消费教育活动，有利于帮助高校青年教师处理消费投诉、消费信息和情报传递、引导其进行自我消费教育，以此提高消费能力，增强自我消费保护意识。高校青年教师社团本身所具有的自治性使其与高校青年教师的兴趣、爱好、现实生活更加贴近，利用这些社团广泛开展多种有益的消费教育活动，有利于将消费教育落到实处，并引导开展合理的消费活动。

四、结语

在经济社会发展的过程中，高校青年教师的收入待遇与社会地位有了显著提高，其消费行为有着独特的文化特征，然而受到家庭教育条件、西方思潮、媒体引导、消费心理以及社会环境等多方面综合因素的影响，高校青年教师的消费行为存在着不科学的消费理念和消费行为，这些问题亟需通过加强消费引导，转变不合理消费方式以及充分利用媒介来加以解决。但是，必须指出的是，高校青年教师是由一个个消费个体组成的，理论必须接受现实的反馈，而这正是本研究的展望之处。

【参考文献】

[1] 卢嘉瑞，吕志敏等. 消费教育 [M]. 北京：人民出版社，2005.

[2] 李超. 我国高校教师消费观现状调查研究 [J]. 重庆电子工程职业学院学报，2009（2）.

[3] 廉思. "理念人"的消逝与彷徨——政治与世俗语境下高校青年教师公共性研究 [J]. 中国青年研究，2012（2）.

[4] 张翠燕. 高校教师消费行为分析——以塔里木大学教师为例 [J]. 现代商贸工业，2015（7）.

[5] 盖逸馨. 价值多元背景下高校青年教师价值观研究 [D]. 中国矿业大学（北

京），2016.

［6］季卫兵．论高校青年教师自我认同的价值维度［J］．教育评论，2016（7）．

［7］倪海东．高校青年教师成才动力研究［D］．中央财经大学，2015.

华侨大学　教育工会